大展好書　好書大展

品嘗好書　冠群可期

迷蹤拳系列；1

迷蹤拳（一）
+VCD

李玉川　編著

大展出版社有限公司

前　言

　　迷蹤拳以歷史悠久、內容豐富、實用性強等獨特的風格特點成為中國傳統武術寶庫中的一顆明珠。又因近代大俠霍元甲用其技藝屢勝洋武士而使迷蹤拳名揚海內外。

　　青縣稱得上是迷蹤拳之鄉，歷史上習練迷蹤拳者眾多，且名人輩出。為弘揚這一寶貴文化遺產，根據國家有關部門的要求，我們系統、全面地對迷蹤拳進行了整理，將分冊出版。我們編著此書，旨在拋磚引玉，喚起迷蹤拳習練、愛好者及武林同仁、有識之士共同把這一武術瑰寶在全國乃至世界發揚光大。

　　本冊書在成稿過程中，反覆徵求了老拳師的意見，進行了多次修改。儘管這樣，由於學識、水準諸多因素，文稿謬誤之處，實所難免。敬請同道師友指正，不勝感激。

　　本冊書的出版，得到了姚用力、梁金橋、王風岐、劉俊岐、胡光明、楊玉州、劉雲河、韓中剛、韓正權、鄭軍輝、郭尚義等人的支持和幫助，特表示感謝！

編著者

目　錄

迷蹤拳概述

第一節　迷蹤拳在青縣的流傳和發展

　　青縣隸屬滄州市管轄，1992 年被國家命名為武術之鄉。她南靠滄州，北依天津，京滬鐵路、京福公路、津保公路、京杭運河縱橫境內。特定的地理位置和交通條件，使青縣自古以來就是駐紮軍隊和商賈鏢客各類人士雲集和出沒之地，其中不乏武林志士。

　　受客觀環境諸因素之影響，青縣人民崇俠尚武之風甚盛，屢出名人，明清以來與滄縣、南皮、鹽山、孟村等同享武術之鄉的美稱。

　　青縣習練武術，歷史之長、門派之大、人數之多的當屬迷蹤拳。迷蹤拳是一個古老的拳種。據史料記載，她出自少林，最早由達摩所創。相傳，宋代的周侗精習此藝，其弟子林沖、盧俊義也是習此拳的高手。

　　迷蹤拳始傳於青縣是在清代乾隆年間。時有山東泰安人孫通，字季寬，自幼嗜武如迷，首拜當地名師學藝，後進嵩山少林寺苦習十數年，精於多門拳術，其中習迷蹤拳達爐火純青，被人尊稱「萬能手」。孫通因犯命案去東北避難，途中於青縣、靜海縣交界地的大屯村和靜海縣小南河村分別傳下迷蹤拳。此後迷蹤拳分兩個渠道傳入青縣，在青縣形成兩支廣泛流傳。

　　一支流傳的具體情況是，孫通受風寒患病於大屯村，幸蒙村人照料。為報恩，孫通將迷蹤拳在大屯村進行傳授。當

時傳授的出名弟子有銅鎚呂明、大刀韓七、快腿文林等人。

這些人當時不僅在官府有一定的地位，特別是在武術界有相當的名望。後有呂明傳藝於北大港蘇家園的周達，周達和其子少周達傳青縣大許莊的趙廷傑、趙廷楨和歐辛莊的楊福臣等人。

另一支傳流的具體情況是，孫通去東北途經靜海縣小南河村時，見霍氏宅屋環境清麗、風景優美，料定教武日後定出傑人。於是在霍家也傳下迷蹤拳，據說霍元甲的曾祖父就是孫通的高足。

青縣清和莊劉寶祥、下伍村張金堂，自幼在當地學練長拳和迷蹤拳，二十來歲練就一身功夫。一次二人去津路過小南河村時，慕名拜訪了霍恩第大師，切磋武功二人均敗於霍師，深感霍師功夫精深，二人便拜霍恩第為師學練迷蹤拳。當時常與霍元甲在一起練功，以師兄弟相稱，因二人年長元甲，稱元甲為師弟。經五六年苦練，劉、張武功達上乘。劉寶祥鐵臂功、鐵砂掌功絕倫，一掌拍下十餘塊青磚破碎，人稱「鐵胳膊、鐵巴掌」。張師精技擊。二人在青縣一邊做保鏢行當，一邊授徒。後張師去東北保鏢，有「鏢神」的稱號，威震東北武林。

青縣以趙廷楨、劉寶祥為代表人物的兩支迷蹤拳代代相傳。到二十世紀二三十年代，受戰爭形勢的影響，青縣習練迷蹤拳達到鼎盛時期，當時全縣練迷蹤拳的村莊有 60 多個，人數達 5000 多人。習練迷蹤拳者中，被朝廷封位、在軍隊和上海精武會任教及保鏢護院的達數十人。其中佼佼者，有趙廷傑、趙廷楨、劉寶祥、張金堂、張忠堂、楊福臣、張殿奎、李桂平、黃風山、李寶山、陳連芳、王朝宣、

周長德、秦德成、楊錦榜等人。

由此可見，青縣稱迷蹤拳之鄉當之無愧。

現在，青縣習練迷蹤拳者多為第七、八代弟子（從孫通起）。趙氏支的傳人比較多，代表人物主要有梁金成、梁金橋、王風岐、楊玉州、胡光明等人。劉氏支的代表人物主要有李玉川、劉俊岐等人。

我們把青縣兩支迷蹤拳進行比較，因師傳一人，內容、拳論主體上一樣，風格特點基本上相同，具體拳式有些區別，大同小異。

第二節 迷蹤拳的風格特點

我們把青縣兩支迷蹤拳進行比較，因師傳一人，內容、拳論主體上一樣，風格特點基本上相同，具體拳式有些區別，大同小異。

一、古老博深

迷蹤拳自創拳至今已有一千四百多年的歷史。在漫長的歷史歲月中，迷蹤拳也是不斷豐富和發展的。據傳，最初此拳拳術和器械套路都不太多，在名稱上曾叫迷蹤藝。後來，歷代拳師在傳授和發展中，不斷汲取其他一些拳種的精華，逐漸形成內容極其豐富、套路繁多、博雜而精深的拳種，隨之而稱迷蹤拳。

何謂迷蹤拳？其含義是什麼？先師言傳和史料載是這樣的：

「迷蹤拳藝，疾極也。隱進也。猝擊也。亦柔亦剛。變化莫測。虛實妙用。」簡要說其基本含義：一是快速（出手疾若閃電）；二是隱含（技法含而不露）；三是猝然（尋機突然發招）；四是變化（招式變化多端）；五是剛柔（剛柔相伴並濟）；六是虛實（虛實隨心得宜）。

由於這樣，實戰交手時發招進擊常常出乎人的預料，令對手分辨不清來蹤去跡。

迷蹤拳從外型看屬長拳，但內容招式很雜，含有少林拳、鷹爪拳、通臂拳、戳腳翻子拳及八卦掌等一些內家拳種的特點。從拳式看，招式攻守合一，虛實兼備，隱發相伴。從勁力看，化拙為巧，易僵為靈，精練求得明、暗、橫、豎、開、合、擰、裹、驚、螺旋、抖放等多種拳勁，從而透悟掌握靠、粘、抱、撣、拗、攔、纏、攔、挎、托、提、頂等技法要訣。正是因為這樣，迷蹤拳學會並不難，而若達上乘則需先師言傳口授，其精微竅訣存乎一心，在學者領悟拳理、反覆研練熟悉方能成功。

二、剛柔並修

從史料介紹和習拳實踐看，迷蹤拳雖出自少林，具有少林外家拳的一些特點，但內家拳的特點尤盛，其手眼身法步很多地方與八卦、形意、太極相合。在練拳思想和方法上也主張內外兼修、剛柔相濟。

心意為本。「要練拳，先修心，習武功，意為先」，這是迷蹤拳習拳要訣。迷蹤拳在習練時，要求心為主帥，意為先導，意導氣行，氣摧力發。無論是徒手或器械、單練或對練都把以意導動貫穿始終。還有秘傳的「意念練拳法」，站樁、盤坐、躺臥、走路均可意念練拳。

迷蹤拳在行拳走式時，一招一式要求連貫、圓和、自然。手眼身法先協調一致，肩胯、肘膝、手腳相合。不動則已，一動如行雲流水，連綿不斷，一氣呵成，招式變化都在行動之中。

實戰時講求乘人之勢，借人之力，借力打力。行功習拳

最忌勞氣拙力，講究練求剛柔之勁。藝到精純，諸法融會貫通，招式舉一反三，生化無窮，變化莫測，隨心所欲，順其自然，運用自如。而且，迷蹤拳很重視內功的修練，有專門修練軟硬氣功的功法和要求。

三、注重實用

拳式古樸明快，樸實無華，講究實用，招招式式非打即防，不強調外型的美觀，沒有花架子。實戰中基本的招法是：遠踢近打貼身摔，高崩低砸當中挎，迎打截打連續打，「積極防禦」，防中帶攻，防攻並舉，手腳齊發，虛實並用，上、中、下三路並進。平時練拳，強調要懂拳，會用拳，練拳、用拳融為一體。

四、身法獨特

身型講「抱椿為虎形，提攔為馬形，搭袖為雞形，盤坐為蛇形」。身法講究挺胸收腹、歪腰斜胯，拳式中反打、倒打、擰打、轉打，擰轉、旋轉的動作比較多。尤其講究以腰為軸心，動便全身，肩、胯、肘、膝相合，靠、擠、撞、抖、化自如。行拳時動作大開大合，重心大起大落，但卻輕而不飄，沉而不僵，舒展兼備。威猛似虎豹，輕快如猿猴，柔活如龍蛇，和緩似雄鷹。

手型複雜多樣，主要有四平拳、鳳眼拳、柳葉掌、刀子掌、八字掌、龍形掌、蛇形掌、勾掛手、勾拿手、勾頂手、勾撩手、龍爪、鷹爪、雞爪、一字指、二字指。

手法變化多端，有雲手、捋手、攦手、撣手、挑手、插手、勾手、刁手、劈手、點手、拿手、抓手、托手、撐手、推手等。手行似浮雲，遮人耳目，出手三招，刁鑽古怪。特別是雙掌如刀手，上穿下掛，揮、撣、削、砍連連不斷。

迷蹤拳特別重視下盤功夫練習，有「入門先蹲三年樁、踢三年腿」之說。

腿法複雜多變，有踢、踹、蹬、撩、蹦、搓、勾、掃、撅、鏟、擺、點、掛、提、跺等。

步型主要有馬步、弓步、虛步、丁步、歇步、仆步、盤步、順步、拗步、獨立步、墊步、跪膝步等，行步則以蹚泥步和金絲套環步為主。步法要求輕靈自然，如猿縱，似貓行。

第三節　迷蹤拳的內容

迷蹤拳內容十分豐富，分拳法和功法兩部分。

一、拳法內容

拳法中徒手、器械、單練、對練俱有。徒手單練套路有：迷蹤拳架子、迷蹤拳彈腿、迷蹤拳一至六路、迷蹤藝、十八翻等。器械單練套路有：單刀、雙刀、撲刀、春秋大刀、行者棒、太子棍、六合槍、梅花槍、大槍、單拐、雙拐、三節棍、梢子棍、十三節鞭、方天畫戟、繩鏢、雙鐧、雙鈎、雙錘、拂塵劍、青萍劍、昆吾劍、秀女劍、八卦劍等。徒手對練套路有：八折、十二打、進拳、擒拿手等。器械對練套路有：單刀進槍、雙刀進槍、撲刀進槍、三節棍進槍、拐子進槍、空手奪槍、槍對扎、刀對砍、三節棍對打、三路條子和六路條子對劈等。套路共有五六十種之多。

二、功法內容

迷蹤拳功法以氣功修練為基礎，有輕功、大力鷹爪功、鐵砂掌功、鐵頭功、鐵臂功、鐵腿功、金鐘罩排體功、點穴功、卸骨法等數十種功法。每一種功法都有具體的行功方法和要求。

第四節　迷蹤拳的習練步驟和要求

一、習練步驟和階段

1. 習練步驟

練習迷蹤拳在步驟上要遵循「先功後拳、先易後難、步步深入、層層提高」的原則。開始練功，在學練活腰腿、活臂肩功夫的同時，首先教學架子和彈腿。架子和彈腿有了一定基礎後，教練徒手和器械單練套路。徒手和器械單練套路熟悉後，再教授徒手和器械對練套路。最後進行散手練習。

在整個練拳過程中，還要因人施教，靈活授習其他一些適宜的功法。

2. 習練階段

迷蹤拳整個習練過程可分三個階段：

第一為築基階段。這一階段要按「準、順、狠」的要求好基本功夫。準，就是按技術要領把拳式動作把握準，遵行規範，正確練拳。順，就是習拳練功要順合拳理拳法要求，勁力要順達。狠，就是踏踏實實、狠狠幫幫練功夫，不能有絲毫的馬虎。

這一階段要達到拳式準確，套路熟練，基本功紮實。從

內意與外形的關係上說為意導形階段。

第二為脫俗階段。這一階段要按「真、快、巧」的要求習練昇華的功夫。真，就是要有真實感，帶著「敵情」練習。快，就是講速度，出手不見手。快由真生，快能生力。巧，就是講靈巧，講變化。巧中求變，變中求精。

這一階段要達到拳技純巧，超出一般，昇華脫俗。從內意與外形的關係上說為意形合階段。

第三為化境階段。這一階段在拳技熟巧、昇華的基礎上練出「精、妙、絕」的功夫，達到隨心所欲、出神入化的境地。這也是迷蹤拳的真諦所在。從內意與外形的關係上為意形妙階段。

二、習練要求

要學好、練好迷蹤拳，據先輩傳授和多年習練經驗，筆者體感到基本的要求有三條：

1.解拳理，懂拳意，明白練拳

理解拳理，除了要了解迷蹤拳的含義、訣理、風格特點和習練方法步驟外，特別要清楚迷蹤拳的習練和技擊原則。其原則主要有：心意為本的原則、內外兼修的原則、攻守合一的原則、虛實並用的原則、全身為法的原則、務求真實的原則等。這些原則是迷蹤拳的精華所在，習練者切不可輕而視之，習練中要用這些原則作指導。

懂得拳意，就是弄懂拳式的用意。具體說在練拳過程中，每招每式，舉手抬足，都要學懂攻防含意，知道是「幹

什麼」，更深一層說還要知道是「為什麼」。武林中常云嫡傳弟子得師真傳。何謂真傳？從招式傳授上來說，真傳就是招式真實用意的傳授，不歪曲、不走樣、原意原味的傳授下來。從這個意義上說，懂拳意就是接受真傳。其重要性顯而易見。

　　理解了拳理，懂得了拳意，在習練中就能克服盲目性，防止稀裡糊塗的「瞎練拳」，從而能明明白白地練拳。這樣的練拳，才會收到事半功倍的效果。

2.夯實底，打牢基，紮實練功

　　迷蹤拳很重視基本功夫的練習。弟子一入門，師父首教其記住的就是「練拳不練功，到老一場空」「下場不踢腿，到老冒失鬼」「百練千練，基本功夫首練」的名言。

　　從拳訣中更能看出迷蹤拳把基本功夫習練看成是重中之重。架子訣云：「迷蹤架子遵師傳，入門首須蹲三年，打好根底紮牢基，精造拳華不為難。」

　　彈腿訣云：「樸實無華式似簡，其中奧妙卻無邊，式式需要細心練，藝成天下可走遍。」

　　基本功夫習練要在老師指點下，適宜得法，循序漸進。著重要說明的是，架子和彈腿是全部拳術的基礎所在，是入門首習和長期習練的基本功夫套路，必須常練不懈。

　　上面講到的三個階段，也是三個層次，是迷蹤拳長期修練、逐步功純的整個過程。若達化境，決非輕易而成，沒有數十年的精修苦練是不可能的。初學者切不可好高騖遠，急於求成，必須把時間和精力主要放到習練基本功夫上。只有練好真實的基本功夫，才能日漸功深，拳技的昇華、純化才

有基礎和前提。否則，拳藝很難達上乘。堅持久練，必收其穫。正所謂「根深葉定茂，基實技必高」。

3.既苦練，又巧練，精習妙研

習練迷蹤拳，掌握了方法和要領，首要的就需埋頭苦練，任何輕飄、浮躁、沒有耐力、不肯吃苦都將是徒勞的。然而，伴隨練功的深入和技藝的提升，僅有苦練還是不夠的，還必須多動腦筋，講究技巧，靈變練拳，科學練功，精習妙研。

我們習練迷蹤拳，不是滿足於一般的強身健體和防身自衛，最高的境界是最大限度地激發和調動人身的潛能，使拳技最終達到如上所述的第三階段，即出神入化的境地。若臻此境，就需習練者「用腦子練拳」，「用心練拳」，細心揣摩拳理要訣，領悟拳法變化之理，經長期的苦鑽勤研，達到悟迷蹤拳真諦之目的。

第五節　整理改編迷蹤拳套路簡況

　　1996 年，國家體育總局武術運動管理中心把「中國武術系列規定套路」迷蹤拳的整理改編任務交給了青縣。為做好這項工作，青縣成立了迷蹤拳協會。協會在縣領導和縣體育局的指導下，對全縣兩支迷蹤拳的套路進行了集中錄影，對歷史資料進行了進一步的搜集。在綜合兩支拳況的基礎上，根據國家武術運動管理中心的要求，本著「傳統風味不丟，適應競賽要求」的原則，李玉川、劉俊岐、胡光明、楊玉州等人員進行改編「迷蹤拳初級拳術套路」「迷蹤拳中級拳術套路」「迷蹤拳高級拳術套路」和有關器械套路。

　　初步改編之後，為了使迷蹤拳得以發揚和光大，我們對迷蹤拳進行了全面、系統的整理，並撰寫系列叢書，目前已整理出徒手單練五個套路，首先作為本書第一冊出版。其中，架子是對原有套路去掉一些重複動作精縮而成的，彈腿是在原基本動作的基礎上整理的，迷蹤拳第一路（初級套路）、迷蹤拳第二路（中級套路）、迷蹤拳第三路（高級套路）是按照國家對競賽套路場地、時間等要求，把原有數套套路中的動作重新組合而成，大部分動作都保留了原貌。

　　整理改編後的套路，既不失傳統風格，又增加了新意，較好地體現了傳統性、系統性、競技性的原則。同時，在文字理論上糾正了一些誤傳，進行比較嚴格的規範。我們認為，這對迷蹤拳將是一次昇華，對推動迷蹤拳的傳播和發展定會起到積極的作用。

迷蹤拳
徒手單練套路

第一節　迷蹤拳架子

動 作 名 稱

第一方位
預備式
1. 仙鶴抿翅
2. 掌推南山
3. 野馬分鬃
4. 金剛亮臂
第二方位
5. 獅子張口
6. 青龍探爪
7. 上步照陽
8. 仙人指路
第三方位
9. 黃龍轉身
10. 鳳凰展翅
11. 倒提拂塵
12. 游龍翻江
第四方位
13. 黑虎掏心
14. 併步撞捶
15. 走馬活挾
16. 騎馬坐鞍

第五方位
17. 仙女照鏡
18. 童子定影
19. 蛟龍伏身
20. 怪蟒盤柱
第六方位
21. 金雞獨立
22. 拙童朝拜
23. 霸王伏虎
24. 觀敵察陣
第七方位
25. 順水推舟
26. 太公釣魚
27. 彩荷挎籃
28. 橫擔天門
第八方位
29. 霸王獻肘
30. 白猿偷果
31. 燕子抄水
32. 上步搭袖
收式

練 習 說 明

　　練架子功，首先在場地上畫4～5公尺正方形塊。可一人練，亦可2～5人一起練。一人練時，可在正方形塊南、北、西、東任選一方位；五人練時，正方形塊南、北、西、東各一人，中間一人。練時分上半套和下半套。上半套練法，按順時針沿八卦方位做動作，每個方位四個動作，走完八個方位是32個動作。下半套練法和上半套練法動作相同，惟運動路線和左右式動作相反。這樣，按八卦方位，一正一反正好是「八八六十四」個動作。

　　架子功主要是蹲椿練基本功的，所以，每個定式動作要盡量耗長時間。為了保證練習效果，2～5人練時要有功夫最優者領練，練者均要視領練者變式而變式。

動 作 圖 解

　　註：以方位南練者面東為例。實線表示右手和左腳下一個動作的路線，虛線表示左手和右腳下一個動作的路線。

第一方位（南）

預備式

　　兩腳併立，雙手成掌下貼兩大腿外側。目視前方（圖1）。

1.仙鶴抿翅

　　① 兩臂外旋，捏手成勾，直臂上抬

圖1

圖2　　　　　　　　圖3　　　　　　　　圖4

身前，勾尖朝上（圖2）。

②上動不停，兩勾手屈肘後收腋前，臂內旋從兩腋前向下、向後勾掛至身後，臂伸直，勾尖朝上（圖3）。

2.掌推南山

①兩勾手變掌，直臂由身後經身兩側向前、向上弧形繞舉至頭上方，掌心朝前（圖4）。

②上動不停，雙掌臂內旋向身兩側弧形下降與肩平時，屈肘向下、向後繞行腋後，掌心朝上平掌從兩腋下前穿至腋前時，臂內旋翻掌屈腕成立掌向前推出，掌指朝上。目視雙掌（圖5）。

3.野馬分鬃

①雙掌臂外旋使掌心朝裡，屈肘後收胸前，掌指朝上（圖6）。

②上動不停，兩掌臂內旋向下、向身兩側弧形分劃與

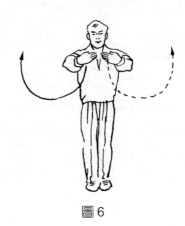

圖5　　　　　　　　　　圖6

圖7　　　　　　　　　　圖8

肩高，臂伸直，掌背朝前。目隨右掌（圖7）。

　　③上動不停，雙掌向前、向裡（左掌右、右掌左）弧形繞擺至身前，雙臂屈肘、屈腕成圓形，掌指相對，掌心朝前。目隨右掌（圖8）。

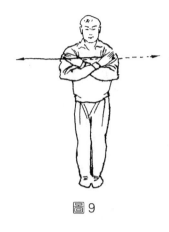

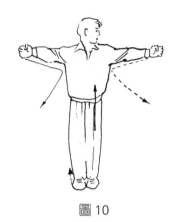

圖9　　　　　　　　　　　圖10

4.金剛亮臂

①雙掌臂外旋變掌心朝裡，同時屈肘交叉抱身，右臂在外。目視前方（圖9）。

②上動不停，雙掌變拳，同時向身兩側沖出，臂伸直，拳眼朝上。目視左拳（圖10）。

第二方位（西南）

5.獅子張口

①頭右擺正。左腳後退一步落地，右腳隨即後退一步。在右腳落地的同時，雙拳變掌臂外旋屈肘向裡收兩腋前，用掌背向下、向身兩側撣出，掌心朝下；左腿屈膝上提至身前。目視前方（圖11）。

②身體右轉45°，左腳向左落步，雙腿屈膝成馬步。與此同時，左掌臂外旋直臂上抬與肩平，掌心朝上；右掌直臂

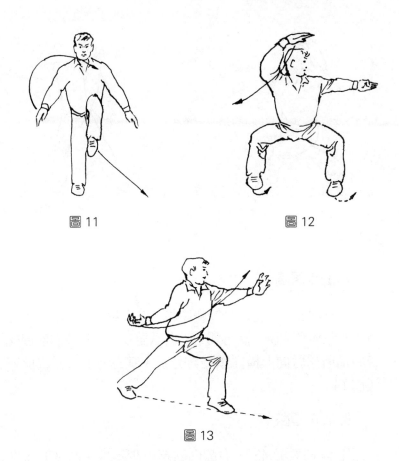

圖 11

圖 12

圖 13

上抬與肩平時，屈肘向上橫向頭上方，掌心朝下。目視左掌（圖12）。

6.青龍探爪

身體左轉（面東北），左腿屈膝，右腿蹬直。隨轉身左掌變爪，臂內旋下翻屈腕，爪心朝前；右掌變爪經身右側下落身後，爪心朝上。目視左爪（圖13）。

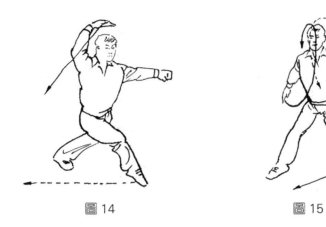

圖 14　　　　　　　　　　　圖 15

7.上步照陽

右腳向前一步落地，雙腿屈膝成右虛步。與右腳上步同時，左爪變拳伸腕，拳心朝下；右爪變掌，從身後向前擺向身右前時屈肘向上橫向頭上方亮掌，掌心朝上。目視前方（圖14）。

8.仙人指路

①身體右轉45°，右腳向右跨一步落地，右掌同時向右、向下擺落向身右後方（圖15）。

②上動不停，左腳向前一步落地，雙腿屈膝成左虛步。左拳變掌，屈肘向右後、向下、向前、向上畫圓至身前，掌指朝上；右掌屈肘向下、向前、向上在左臂裡穿掌後向後弧形下落身後成勾手，勾尖朝上。目視左掌（圖16）。

圖16

圖17

第三方位（西）

9.黃龍轉身

① 左掌前推後下落，用掌背拍左膝。同時左腳後退一步，身體左轉，右腳前邁半步，雙腿微屈膝，右腳尖著地，左掌用掌心拍落右膝上。目視前方（圖17）。

② 右腳前邁半步落地，上身微前傾，雙腿微屈膝，左腳跟抬起欲起腳。左掌上擺向身體左前方，右勾手變掌仍至身後（圖18）。

③ 上動不停，左腳用前掌向後、向上翻撅，腳離地，腿屈膝，小腿向後，腳掌朝

圖18

圖 19　　　　　　　　　　　圖 20

上。同時，右掌從身後向下、向前擺向身右前方，左掌從身前向下、向後擺向身左後方。目視前方（圖 19）。

④ 左腳前邁一步落地，上身微前傾，雙腿微屈膝，右腳跟抬起欲起腳（圖 20）。

⑤ 上動不停，右腳用前掌向後、向上翻撅，腳離地，腿屈膝，小腿向後，腳掌朝上。隨右腳後翻，左掌向下、向前擺向身左前方，右掌向下、向後擺向身右後方。目視前方（圖 21）。

⑥ 右腳前邁一步落地，上身微前傾，雙腿微屈膝，左腳跟抬起欲起腳（圖 22）。

⑦ 上動不停，左腿屈膝向後翻腳，腳離地，小腿向後，腳掌朝上。右掌同時從身後向下、向前擺向身右前方，左掌從身前向下、向後擺向身左後方。目視前方（圖 23）。

⑧ 左腳向左邁一步落地，身體左轉，上身微前傾，雙腿微屈膝，右腳跟抬起欲起腳（圖 24）。

圖 21

圖 22

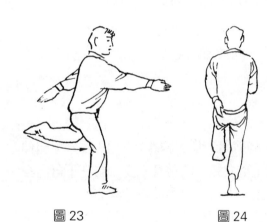

圖 23

圖 24

圖 25

　　⑨上動不停，右腿屈膝向後翻腳，腳離地，小腿向後，腳掌朝上。左掌同時經身左側擺向身左前方，右掌向後經身右側擺向身右後方。目視前方（圖25）。

　　⑩身體左轉，右腳前邁一步落地，雙腿微屈膝，上身

圖 26　　　　　　　　　　　　圖 27

微前傾，左腳跟抬起欲起腳（圖 26）。

⑪ 左腳用前腳掌向後、向上翻撅，腳離地，腿屈膝，小腿向後，腳掌朝上。右掌從身後向下、向前擺向身右前方，左掌從身前向下、向後擺向身左後方。目視前方（圖27）。

10.鳳凰展翅

① 身體左轉，左腳前邁一步，腳離地約 10 公分，腿伸直，右腿微屈膝，體重落右腿。隨轉身上步，右掌下落向身右下方，左掌上擺向頭左上方。目視前方（圖 28）。

② 左掌屈肘向右、向下、向左弧形下落向身體左下方，右掌屈肘向左、向上在左臂裡穿掌後擺向頭右上方（圖29）。

③ 上動不停，右掌繼續向右、向下、向左、向上屈肘繞擺向右腋前，再向下、向右、向上弧形擺向頭上方（圖30）。

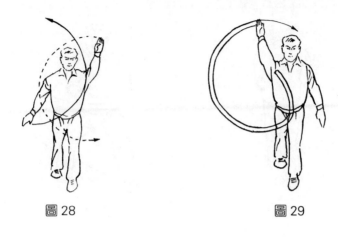

圖 28　　　　　　圖 29

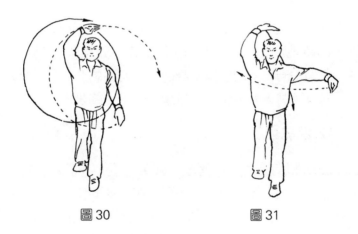

圖 30　　　　　　圖 31

　　④上動不停，雙掌右下左上、右裡左外屈肘胸前相穿後，右掌繼續向下、向右、向上繞行與肩平時，屈肘向上橫亮掌於頭上方，掌心朝上，左掌左擺向身體左側成勾手，臂伸直，勾尖朝下。目視前方（圖31）。

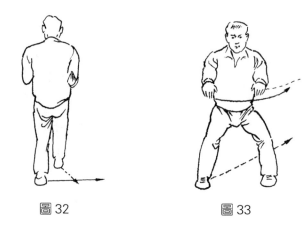

圖 32　　　　　　　圖 33

11. 倒提拂塵

左腳落地，雙腳以前掌為軸碾地身體右後轉，右腿伸直，腳離地約 10 公分，左腿微屈膝，體重落左腿。隨轉身，左勾手向右、向前擺至身前方，勾尖朝上，右掌變勾手下落向身後側，勾尖朝上。目視左勾手（圖 32）。

12. 游龍翻江

① 右腳向右邁一步落地，腳尖右擺，身體右後轉，左腳隨即向左上一步，雙腿微屈膝。在轉身上步的同時，兩勾手變掌，左掌屈肘向上、向右、向下擺落向身前，右掌屈肘向左、向上在左臂裡穿掌後向下擺落向身前，雙掌心均朝下。目視雙掌（圖 33）。

② 上動不停，右腳從左腳後向左蹺撩，腳離地，腿屈膝，腳掌橫朝左。雙掌隨右腳左蹺從身前向左按推，掌心朝左，上身向左擰轉。目隨左掌（圖 34）。

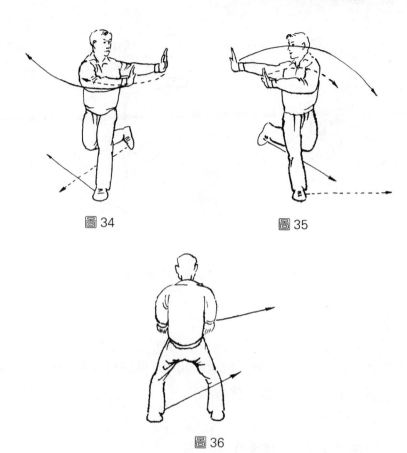

圖34　　　　　　　圖35

圖36

　　③上動不停，右腳回退一步落地，左腳從右腳後向右蹦撩，腳離地，腿屈膝，腳掌橫朝左。同時雙掌從身左經身前向右按推，掌心朝右。目視右掌（圖35）。

　　④上動不停，左腳向左邁一步落地，身體左後轉，右腳隨即向右上一步，雙腿微屈膝。與此同時，右掌屈肘向上、向左、向下擺落向身前，左掌屈肘向上在右臂裡穿掌後擺落向身前，雙掌心均朝下。目隨左掌（圖36）。

圖37　　　　　　　　　　圖38

⑤上動不停，左腳從右腳後向右蹦撩，腳離地，腿屈膝，腳掌橫朝左。隨左腳蹦撩，雙掌向右按推，掌心朝右，上身向右擰轉。目隨右掌（圖37）。

⑥上動不停，左腳回退一步落地，右腳從左腳後向左蹦撩，腳離地，腿屈膝，腳掌橫朝左。同時雙掌經身前向左按推，上身向左擰轉，雙掌心朝左，掌指朝上。目視左掌（圖38）。

第四方位（西北）

13.黑虎掏心

①上動不停，右腳向右一步落地，身體隨即右轉，左腳向前擺起，雙掌隨轉身擺至身前。目視前方（圖39）。

②上動不停，右腳蹬地跳起。在空中，身體右後轉約180°（面東南），雙腳左前右後落地，左屈右直成左弓步。左掌向前反抄後變拳收抱左腰側，拳心朝上；右掌變拳向前

圖 39

圖 40

圖 41

直擊，拳心朝下。目視右拳（圖40）。

14. 併步撞錘

①身體右轉，左腳從右腳後向右插步，雙腿屈膝。右拳隨轉身直臂用拳背向右撩擊。目視右拳（圖41）。

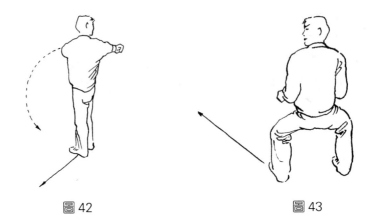

圖42　　　　　　　　　　　　圖43

②上動不停，右腳向右邁一步落地，左腳跟步靠攏右腳，雙腳直腿併立。與此同時，右拳屈肘回腋前後再向右直拳撞擊，左拳變掌護左腋間。目視右拳（圖42）。

15.走馬活挾

頭左擺正。左腳向左一步，雙腿膝半屈。左掌隨左腳左邁步，反掌向左前、左後弧形抄挾後變拳收左腰間，拳心朝上，右拳下落右腰間，拳心朝上，上身微右傾。目視左方（圖43）。

16.騎馬坐鞍

①身體重心右移，左腿提起，左腳向左鏟踢。目視左腳（圖44）。

②左腳落地，雙腿屈膝成馬步。左拳向左直擊，拳心朝下；右拳後擺向身後，拳心朝上。目視左拳（圖45）。

圖44

圖45

第五方位（北）

17. 仙女照鏡

　　身體左轉45°，右腳從左腳後向左插步，雙腿屈膝成左歇步。同時，雙拳變掌，左掌屈肘向右、向下、向左繞擺向身體左側成勾手，臂伸直，勾尖朝後；右掌向前、向左、向上在左臂裡穿掌後屈肘向上橫亮掌於頭上方，掌心朝上。目視右掌（圖46）。

18. 童子定影

　　左腳移至右腳左側，雙腿屈膝，左腳尖著地成左丁步。右掌屈肘向下、向右向後落於身後成勾手，勾尖朝上；左勾手變掌，屈肘向下、向

圖46

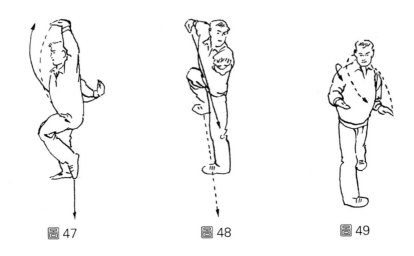

圖 47　　　　　　圖 48　　　　　　圖 49

右、向上在左臂裡穿掌後，向上橫亮掌於頭上方，掌心朝
上。目視前方（圖47）。

19.蛟龍伏身

左腳向左邁一步落地，腿平鋪伸直，右腿屈膝全蹲成左
仆步。同時，左掌向下、向左直臂平伸，掌心朝下；右勾手
變掌屈肘向前、向左、向上在左臂裡穿掌後擺至頭右前上方
仍成勾手，臂伸直，勾尖朝下。目視左掌（圖48）。

20.怪蟒盤柱

①身起並左轉，右腳向前上一步落地，腳尖右擺，右
勾手變掌隨身擺至身前。目視前方（圖49）。

②上動不停，雙腳以前掌為軸碾地，身體向左旋轉
270°，雙腿屈膝盤坐。雙掌隨身轉動，當雙腿盤坐時，上擺
至頭左前上方成蛇形手。目視左掌（圖50）。

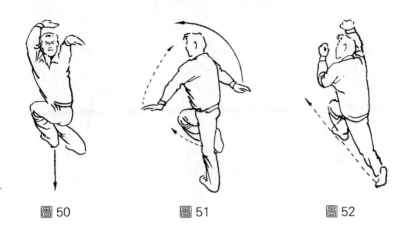

圖 50　　　　　圖 51　　　　　圖 52

第六方位（東北）

21. 金雞獨立

身起，頭右擺正。左腳左邁一步落地，身體右轉 45°（面西南），左腿站直，右腿屈膝上提至身前，腳尖朝下。在雙腿動作的同時，雙掌擺落向兩腋前，同時向身兩側撐掌，掌心朝下。目視前方（圖 51）。

22. 拙童朝拜

右腳向前落步，雙腿屈膝成左跪膝步。雙掌變拳，右拳屈肘向左、向上橫架於頭上方，拳心朝上；左拳臂外旋屈肘向右揉挎於身前，拳心朝裡。目視左拳（圖 52）。

23. 霸王伏虎

① 左腳向前邁一步落地，雙腿屈膝成大丁八步（圖

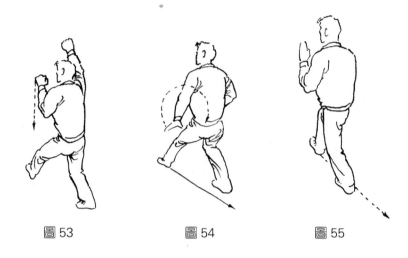

圖 53　　　　　圖 54　　　　　圖 55

53）。

②上動不停，雙拳變八字掌，右掌屈肘下落向右腰前，拇指朝左，餘四指朝右，左掌臂內旋下落於身前，拇指朝右，餘四指朝左，雙掌心均朝下成伏虎式。目視左掌（圖54）。

24. 觀敵察陣

①左腳後退一步，雙腿微屈膝，左掌從右掌上後拉至胸前（圖55）。

②上動不停，右腳隨即向後退一步，雙腿微屈膝成丁八步。在右腳後退的同時，右掌從左掌上後拉至胸前，雙掌成立掌，左掌立於身前，掌心朝右，右掌立右腰前，掌心朝左。目視前方（圖56）。

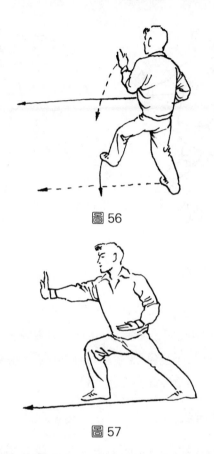

圖56

圖57

第七方位（東）

25.順水推舟

左腳左跨一步落地，身體左轉45°，右腳向前一步，雙腿右屈左直成右弓步。右掌隨右腳上步屈腕立掌向前推出，掌心朝前，左掌屈肘收向左腰間，掌心朝上。目視右掌（圖57）。

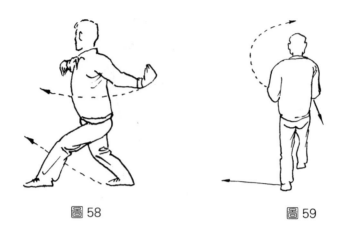

圖 58　　　　　　　　圖 59

26.太公釣魚

左腳向前一步，腳尖著地，雙腿成左虛步。同時，左掌向前、向左、向後擺至身後成勾手，勾尖朝上；右掌屈肘向下、向後、向上在左臂裡穿掌後，向右擺至身體右側成勾手，勾尖朝下。目視右手（圖58）。

27.彩荷挎籃

身體右轉，右腳向左前方上一步，腳尖著地，雙腿屈膝成右虛步。雙勾手變拳，右拳屈肘向左揉挎於身前，拳心朝裡；左拳屈肘收於左腰間，拳心朝上。目視右拳（圖59）。

28.橫擔天門

① 左腳向左邁一步，腿平鋪伸直，右腿屈膝全蹲成左仆步。隨身下蹲，雙拳變掌，左掌經身前上舉至頭上方，右

圖 60

圖 61

掌下落於身體右下方（圖60）。

②上動不停，左掌向右、向下、向左弧形下落於身前變拳，右掌向左、向上在左掌裡穿掌後變拳，擺舉頭右前上方（圖61）。

③上動不停，身體左轉，重心前移，左腿屈膝，右腿

圖 62　　　　　　圖 63

蹬直。隨轉身，左拳屈肘向前、向上橫擔頭上方，拳心朝
上；右拳下落於身後，拳心朝上。目隨左拳，左拳上架於頭
上方時轉目視前方（圖62）。

第八方位（東南）

29.霸王獻肘

　　右腳向左前方上一步落地，身體左轉約135°，雙腿屈
膝成馬步。與此同時，右拳從身後向前擺至身前屈肘用肘尖
向右（東南）頂擊，左拳變掌從臉前下落抱右拳上。目視右
肘（圖63）。

30.白猿偷果

　　右腳從左腳後向左插步，雙腿屈膝。隨左腳插步，右拳
變掌立於臉左側，掌指朝上，左掌變拳向左直擊，拳心朝
下。目視左拳（圖64）。

圖 64　　　　　　　圖 65　　　　　　　圖 66

31. 燕子抄水

①　左腳向左後方邁一步落地，身體左轉 45°，左腿伸直，右腿屈膝。左拳變掌，雙掌屈肘右擺至胸前（圖65）。

②　上動不停，右掌向右上、左掌向左下同時插掌，臂伸直，掌心均朝前。目視左掌（圖66）。

32. 上步搭袖

身體左轉，右腳向前一步，腳尖著地，雙腿屈膝成右虛步。在右腳上前的同時，右掌從身後擺至身前與左掌搭袖，右腕搭左腕上，掌心朝下，十指叉開。目視雙掌（圖67）。

圖 67

圖 68

收　式

　　左腳向右腳靠併，雙腿站直，雙掌十指併攏下貼於兩大腿外側。目視前方（圖 68）。

第二節　迷蹤拳彈腿

動　作　名　稱

第一路	順打	第　七　路	撩打
第二路	拉打	第　八　路	劈打
第三路	搓打	第　九　路	轉打
第四路	拗打	第　十　路	撅打
第五路	踹打	第十一路	連打
第六路	跪打	第十二路	跳打

練　習　說　明

　　迷蹤拳彈腿和架子同為迷蹤拳習練基本功夫的入門套路。彈腿主要是練習身體在各種不同姿勢下的腿法動作，不但健身作用很好，而且技擊性很強。

　　彈腿每一路有一至幾個主要動作，每個動作均要左、右式重複練習。每一式動作練習多少要視場地大小、時間長短、體力強弱而定。這裡以左右式各練兩遍為例。

動　作　圖　解

預備式

　　①雙腳併立，兩手成掌自然下垂貼兩大腿外側。目視前方（圖1）。

圖 1

圖 2

②兩掌變拳，臂外旋屈肘上提至腰間，拳心朝上。在雙拳上提的同時，向左擺頭，目視左方（圖2）。

第一路　順　打

①左腳向左邁一步，雙腿屈膝半蹲。左拳隨左邁腳向上橫架於頭左前上方，拳心朝左。目視左拳（圖3）

②上動不停，身體左後轉，右腳隨即向右一步，雙腿屈膝成馬步。在右腳上步的同時，右拳向右直擊，拳心朝下；左拳下落左腰間，拳心朝上。目視右拳（圖4）。

③左腿站直，右腿提起，右腳向右鏟踢，上身左傾。目視右腳（圖5）。

右腳落地重複上述左式動作，練完右式第二遍，左腳落地，身體左後轉成預備式（圖2）動作。

第二路　拉　打

①左腳向左邁一步落地，身體左轉，雙腿左屈右直成

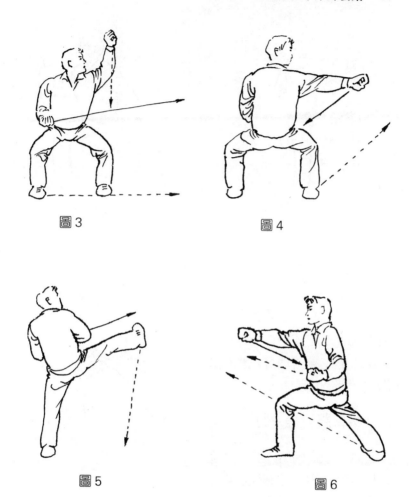

左弓步。隨上步轉身，左拳變掌，反掌向左抄抓後拉後仍變拳收抱左腰間，拳心朝上；右拳向前直擊，拳心朝下。目視右拳（圖6）。

②上動不停，右腳從身後向前彈踢，腿伸直，腳背繃平，力達腳尖。左拳同時向前直擊，拳心朝下，右拳屈肘收

圖7

圖8

回右腰間，拳心朝上。目視右
腳（圖7）。

　左拳收回左腰間，右腳落
地重複上述左式動作。練完右
式第二遍左腳落地身左轉成預
備式（圖2）動作。

第三路　搓　打

　①左腳向左邁一步落

圖9

地，身體左轉，左拳屈肘向上
擺拳擊打，拳心朝裡，右拳擺落身後，拳心朝下。左腿屈
膝，右腿伸直。目視左拳（圖8）。

　②左拳臂內旋向下橫肘平放胸前，拳心朝下，上身微
右轉（圖9）。

　③上動不停，上身微左轉，左拳直臂向前、向左橫擊
至身體左側，拳心朝下；右拳直臂由身後向前、向左橫打至

圖 10

圖 11

身前，拳心朝下。目視右拳
（圖10）。

　④雙拳變掌，左掌右擺
於身前，雙掌屈肘一起向身右
後下方抓捋，同時右腳直腿橫
腳向左前方搓踢，腳離地，腳
掌朝前，腳尖斜朝右上。目視
右腳（圖11）。

　右腳落地重複上述左式動
作，練完右式第二遍，左腳落
地身左轉成預備式（圖2）動作。

圖 12

第四路　拗　打

　①左腳左邁一步落地，身體左轉，左拳變掌屈肘向上
橫架於頭上方，掌心朝上，右拳變掌屈腕立掌向前推出，掌
指朝上。雙腿左屈右直成左弓步。目視右掌（圖12）。

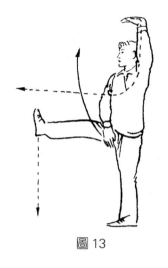

圖13

圖14

②右腿提起，右腳從身後向前蹬踹，腿伸直，腳尖朝上。左腿站直，右掌下落護襠。目視右腳（圖13）。

右腳落地重複上述左式動作。練完右式第二遍，左腳落地身左轉成預備式（圖2）動作。

第五路　踢　打

①左腳左邁一步落地，身體左轉，右腳隨即向前一步，腳尖著地，雙腿屈膝成右虛步。右拳隨右腳前邁向前直擊，拳眼朝上；左拳變掌向右立於右腋前，掌指朝上。目視右拳（圖14）。

②身體左後轉，左腳向右腳後邁一步，雙腿屈膝成右歇步。隨轉身，右拳屈肘回拉腋下臂外旋變掌向頭前上方插掌，臂伸直，掌心朝上；左掌臂外旋平放於右腋下，掌心朝上。目視右掌（圖15）。

③兩腳站直，左掌變勾手用勾頂直臂向頭前上方撞

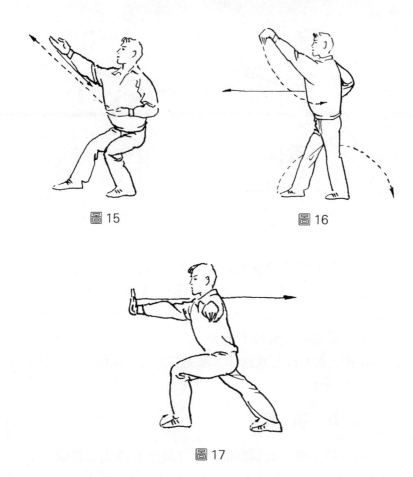

圖 15　　　　　　圖 16

圖 17

擊，勾尖朝下，右掌屈肘回拉腋下，掌心朝上。目視左勾手
（圖16）。

　④右腳直腿向右、向後弧形擦地蹦步至身後，右掌屈
腕立掌向前推掌，掌指朝上，左勾手直臂向下、向左擺至身
體左側，勾尖仍朝下，雙腿左屈右直成左弓步。目視右掌
（圖17）。

圖18　　　　　　　　　　圖19

⑤雙腳以前掌為軸碾地，身體右後轉，右腿屈膝，左腿蹬直。與轉身同時，右掌回拉至胸前後再向前推出，掌指朝上；左勾手屈肘收於左肩外側再向身體左側撞擊，勾尖仍朝下。目視右掌（圖18）。

左腳上前重複左式動作。練完右式第二遍身左轉成預備式（圖2）動作。

第六路　跪　打

①身體左轉，左腳向前一步落地，左拳向前直擊，拳心朝下，雙腿左屈右直成左弓步。目視左拳（圖19）。

②上身微左轉，雙腿屈膝成右跪膝步。同時左拳後拉屈肘向上橫架於頭上方，拳心朝上；右拳向前、向上擊打至身前，拳心朝裡。目視右拳（圖20）。

③左腿站直，右腳從身後向身前彈踢，腿伸直，腳背繃平，力達腳尖。目視右腳（圖21）。

右腳落地重複左式動作。練完右式第二遍，左腳落地身

圖 20

圖 21

左轉成預備式（圖2）動作。

第七路　撩　打

① 左腳左邁一步落地，身體左轉，左拳變掌同時向前上方伸插，臂伸直，掌心朝上，右拳變勾手用勾頂向頭右後

圖 22

圖 23

上方撞擊，勾尖朝下，左腿屈膝，右腿伸直。目視左掌（圖
22）。

②身體右轉，上身右傾，右腿屈膝全蹲，左腿平鋪伸
直成左仆步。左掌屈肘向右屈腕立右腋前，掌指朝上。目視
左方（圖 23）。

③身起左轉，體重心前移，雙腿左屈右直成左弓步。

圖 24

圖 25

左掌變勾手，隨轉身向前、向左擺至身體左側，臂伸直，勾
尖朝下；右勾手變掌向下、向前弧形撩掌，臂伸直，掌心朝
上。目視右掌（圖 24）。

　　④ 左腿站直，右腳從身後向身前彈踢，腿伸直，腳背
繃平，力達腳尖。右掌屈肘回拉至右腰間，掌心朝上。目視
右腳（圖 25）。

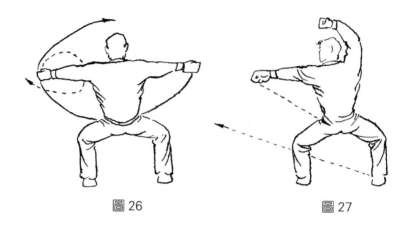

圖 26　　　　　　　　　　圖 27

　　右腳落地重複上述左式動作，練完右式第二遍，左腳落
地身左轉成預備式（圖2）動作。

第八路　劈　打

　　① 左腳左邁一步落地，雙腿屈膝成馬步。雙拳臂內旋
屈肘上提胸前交叉，左拳在裡，拳心朝前，隨即上舉於頭上
方，向身兩側弧形劈砸同肩高，拳眼均朝上。目視左拳（圖
26）。

　　② 右拳變掌，直臂向下，經身前向左接拳後變拳屈肘
向上橫架於頭上方，拳心朝上；左拳屈肘向上、向右、向下
劃弧後向左直擊，拳心朝下。目視左拳（圖27）。

　　③ 身體左轉，左腿站直，右腳從身後向前彈踢，腿伸
直，腳背繃平，左拳向後、向下擺落於身體左後側。目視右
腳（圖28）。

　　右腳落地身左轉重複上述左式動作。練完右式第二遍，
左腳落地身左轉成預備式（圖2）動作。

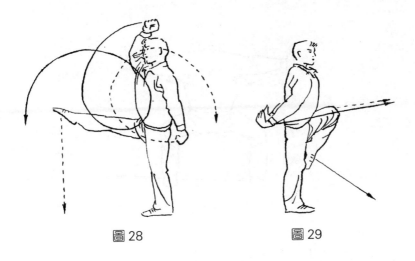

圖28　　　　圖29

第九路　轉　打

① 身體左轉，右腿站直，左腿屈膝上提於身前，腳尖朝下。在左腿上提的同時，兩拳變勾手臂內旋同時勾掛至身後，勾尖朝上。目視前方（圖29）。

② 左腳向前落步，左腿屈膝，右腿伸直成左弓

圖30

步。同時兩勾手用勾頂由身後向前撞擊，勾尖朝後。目視雙勾手（圖30）。

③ 雙腳以前腳掌為軸碾地，身體右後轉270°，右腳向右落步，雙腿屈膝成馬步。兩勾手隨身轉動，當右腳落地成馬步時，雙勾手變掌屈肘收於兩腋前，屈腕立掌向身兩側推

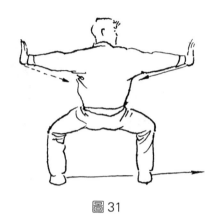

圖 31

出，掌指朝上。目視右掌（圖31）。

④ 左腳從右腳前向右插步，雙腿屈膝。兩掌同時屈肘向裡於胸前交叉，左掌在裡，掌心朝前。目視右方（圖32）。

⑤ 左腿站直，重心左移，右腳向右側踹，力在腳跟。左掌屈肘平放左胸前，掌心朝下；右掌橫掌向右撐出，掌心朝下。目視右腳（圖33）。

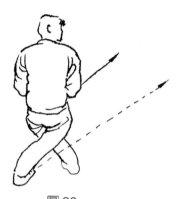

圖 32

右腿屈膝回收重複上述左式動作。練完右式第二遍，左腳落地身左後轉成預備式（圖2）動作。

第十路　撅　打

① 左腳向左一步落地，身體左轉，雙拳同時向前劈

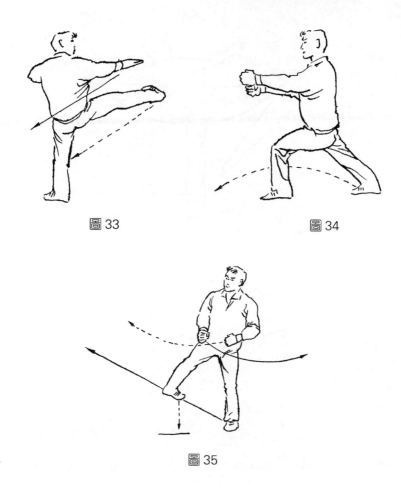

圖 33　　　　　　　　　　圖 34

圖 35

砸，兩拳心相對，拳眼均朝上，左腿屈膝，右腿伸直。目視雙拳（圖34）。

②身體繼續左轉，右腳直腿向前、向左勾踢，腳離地，腳尖朝左上。目視右腳（圖35）。

③右腳落地，身體繼續左轉，左腳直腿向後撅撩，腳掌朝上。雙拳變掌，左掌隨腿直臂向後甩撩，掌心朝右，右

圖36

圖37

掌直臂向前甩撩，掌心朝左。目視左腳（圖36）。

④ 左腳落地，腿站直，右腳直腿向後撅撩，腳掌朝上。右掌隨腿直臂向後甩撩，掌心朝左；左掌直臂向前甩撩，掌心朝右。目視右腳（圖37）。

右腳落地身右後轉重複上述左式動作。練完右式第二遍，右腳落地身左後轉成預備式（圖2）動作。

圖38

圖39

第十一路　連　打

① 左腳左邁一步落地，左拳同時向左直擊，雙腿屈膝成馬步，左拳心朝下。目視左拳（圖38）。

② 左腳右移於右腳前方，腳尖著地，雙腿成左虛步。在左腳右移的同時，左拳臂外旋屈肘向右揉挎身前，拳心朝裡。目視左拳（圖39）。

圖40

③ 左腳向左一步落地，身體左後轉，右腳隨即向右一步，雙腿屈膝成馬步。隨轉身上步，左拳屈肘向前、向左弧形揉磕後收於左腰間，拳心朝上；右拳向右直擊，拳心朝下。目視右拳（圖40）。

④ 身體右轉，左拳向前直擊，拳心朝下，右拳屈肘收

圖 41　　　　　　　　　　圖 42

於右腰間，拳心朝上。右腿屈膝，左腿蹬直。目視左拳（圖41）。

⑤左腳由身後向前彈踢，腿伸直，腳背繃平。同時右拳向前直擊，拳心朝下；左拳屈肘收回至左腰間，拳心朝上。目視左腳（圖42）。

⑥上動不停，右腳蹬地跳起。在空中，右腳向前彈踢，腿伸直，腳背繃平。左拳同時向前直擊，拳心朝下；右拳收回右腰間，拳心朝上。目視右腳（圖43）。

左、右腳落地重複上述左式動作。練完右式第二遍，雙腳落地身左轉成預備式（圖2）動作。

第十二路　跳　打

①左腳向左一步落地，身體微左轉，左拳向左劈砸，拳眼朝上，左腿屈膝，右腿伸直。目視左拳（圖44）。

②上動不停，右拳向上、向前、向下弧形劈砸，身體隨即左轉，左拳屈肘收回至左腰間，左拳心朝上，右拳眼朝

圖 43

圖 44

圖 45

圖 46

上。目視右拳（圖45）。

③ 右腳由身後向前彈踢，腿伸直，力達腳尖。同時左拳向前直擊，拳心朝下；右拳屈肘收於右腰間，拳心朝上。目視左拳（圖46）。

圖47

圖48

④ 右腳落地，身體左轉，雙腿微屈膝，上身微左傾，雙拳變掌平放於腹前，掌心朝下。目視右方（圖47）。

⑤ 雙腳同時蹬地跳起。在空中，左腿屈膝，右腳向右側踹。左掌屈肘平放於左胸前，右掌橫掌向右撐掌，雙掌心均朝下。目視右腳（圖48）。

左右腳落地重複上述左式動作。練完右式第二遍，雙腳落地身左後轉成預備式（圖2）動作。

圖49

收　式

雙拳變掌，下貼於兩大腿外側。頭右擺正，目視前方（圖49）。

第三節 迷蹤拳第一路（初級套路）

動 作 名 稱

第一段

預備式

1. 懷中抱月
2. 鳳凰抿翅
3. 白猿獻果
4. 倒提金冠
5. 靈猿轉身（左）
6. 靈猿轉身（右）
7. 老翁掏巢（右）
8. 老翁掏巢（左）
9. 追星趕月
10. 攔路斬蛟

第二段

11. 翻身劈柴
12. 古樹盤根
13. 玉兔蹬鷹
14. 仙人獻肘
15. 力推華山

16. 猿猴倒掛
17. 怪蟒翻身
18. 野馬蹬蹄

第三段

19. 鳳凰伏地
20. 猴子摘桃
21. 仙童挎籃
22. 金剛扎錘
23. 纏腕推掌
24. 金雞獨立
25. 順手牽羊

第四段

26. 鞭打回頭
27. 鷂子翻身
28. 野猿蹬枝
29. 蒼鷹飛腳（左）
30. 蒼鷹飛腳（右）
31. 寒雞獨步

動 作 圖 解

第一段

預備式

雙腳併步站立，兩手成掌貼於兩大腿外側。目視前方（圖1）。

1.懷中抱月

①左腳前邁半步落地（圖2）。

②上動不停，右腳跟步與左腳併齊。右掌變拳，左掌右拳同時屈肘上抱胸前，右拳在裡，前臂持平，掌（拳）心朝內。在跟步抱拳的同時，頭向左擺，目視左方（圖3）。

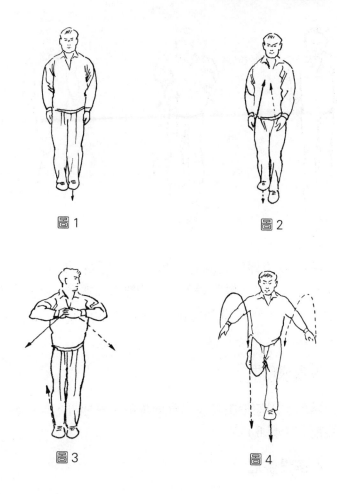

圖1　　　　圖2

圖3　　　　圖4

2.鳳凰抿翅

①　頭右擺正。上身微右轉，右拳變掌，雙掌臂外旋用掌背從兩腋前向身兩側揮出；臂伸直，掌心朝下。與此同時，右腳用前腳掌向後翻摵，腳離地，腿屈膝，小腿向後，腳掌朝上（圖4）。

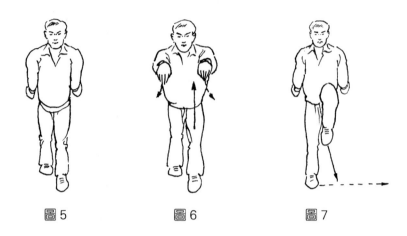

圖5　　　　　圖6　　　　　圖7

② 上動不停，右腳向前落步，左腳隨即向前一步，雙腿屈膝成左虛步。雙掌變勾手，隨雙腳前邁從身兩側向上、向前、向下、向後畫圓勾掛至身後，勾尖朝上。目視前方（圖5）。

3.白猿獻果

兩勾手用勾頂由身後向身前撞擊，臂伸直，勾尖朝下。目視前方（圖6）。

4.倒提金冠

右腿站直，左腿屈膝上提至身前，兩勾手向下，經身兩側向身後勾掛，勾尖朝上。目視前方（圖7）。

5.靈猿轉身（左）

① 身體左後轉，左腳震腳落地，右腳向右一步，雙腿屈膝成馬步。隨轉身上步，雙勾手變掌，右掌屈肘向前、向

圖8

圖9

上、向左、向下落於身體右下方，左掌屈肘向前、向上在右臂裡穿掌後擺至頭左上方。目視前方（圖8）。

②上動不停，左掌向下，經身前向右接拳後變拳屈肘向上橫架於頭上方，拳心朝上；右掌同時臂外旋屈肘向上、向左、向下畫圓後變拳向右直擊，拳心朝下。目視右拳（圖9）。

圖10

6.靈猿轉身（右）

①右腳向左蹺撩，腳離地，腿屈膝，腳掌朝左。雙拳變掌，左掌向下，經胸前弧形下落於身體左下方；右掌屈肘向下，從腹前向上在左臂裡穿掌後右擺於頭右上方。目隨右掌，右掌擺至頭上後轉，目視前方（圖10）。

②身體右後翻轉，右腳震腳落地，左腳向左一步，雙

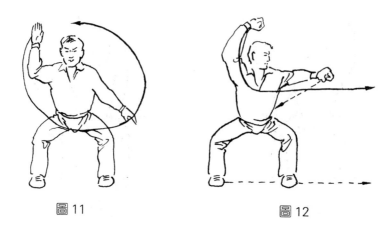

圖11　　　　　　　　　　　　　　圖12

腿屈膝成馬步（圖11）。

③右掌向下，經身前向左接拳後變拳屈肘向上橫架於頭上方，拳心朝上；左掌同時臂外旋屈肘向上、向右、向下畫圓後變拳向左直擊，拳心朝下。目視左拳（圖12）。

7.老翁掏巢（右）

身體左轉，右腳向前一步落地。右拳下落於右腋下後隨右腿向前直擊，拳心朝下，左拳屈肘收於左腰間，拳心朝上。右腿屈膝，左腿伸直。目視右拳（圖13）。

圖13

圖 14　　　　　　　　　　圖 15

8. 老翁掏巢（左）

左腳向前一步落地，
雙腿左屈右直成左弓步。
左拳與左腳前邁同時向前
直擊，拳心朝下；右拳屈
肘收右腰間，拳心朝上。
目視左拳（圖 14）。

9. 追星趕月

① 右腳由身後向前
擺起，右拳前伸後，雙拳
同時上擺於頭前上方（圖 15）。

圖 16

② 上動不停，左腳蹬地跳起，身體懸空前縱，雙拳右
擺頭右側，上身微右轉（圖 16）。

③ 上動不停，右腳落地，左腳向前落地，左腿屈膝，

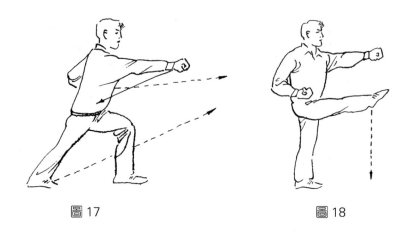

圖17　　　　　　　　　　圖18

右腿伸直。在雙腳落地的同時，雙拳向下、向前，右拳向前直擊，拳心朝下，左拳屈肘收左腰間，拳心朝上。目視右拳（圖17）。

10. 攔路斬蛟

右腳由身後向前彈踢，腿伸直，腳背繃平，力達腳尖。左拳同時向前直擊，拳心朝下；右拳屈肘收於右腰間，拳心朝上。目視右腳（圖18）。

第二段

11. 翻身劈柴

① 右腳落地（圖19）。

② 雙腳以前掌為軸碾地，身體左後轉，雙腿左屈右直成左弓步。伴隨轉身，雙拳變掌，左掌直臂向前、向下弧形劈掌後屈肘收於左腰間，掌心朝上，右掌隨即向前劈掌，掌

圖 19

圖 20

心朝左。目視右掌（圖20）。

12. 古樹盤根

左腳向右腳後退一步，雙腿屈膝成右歇步。在雙腿屈膝下蹲的同時，雙掌變拳，左拳向身前下方直擊，拳面朝前

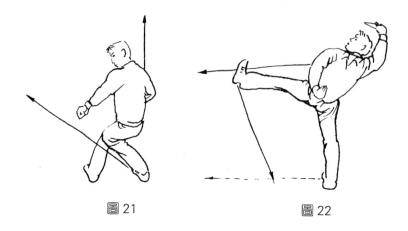

圖 21　　　　　　　　圖 22

下，右拳屈肘後拉至右腰間，拳心朝上。上身微右轉。目視左拳（圖21）。

13.玉兔蹬鷹

身起，上身右轉後傾，右腿站直，左腳向左蹬踹，力在腳跟。右拳變掌屈肘向上橫架於頭上方，掌心朝上，左拳變勾手擺至身後。目視左腳（圖22）。

14.仙人獻肘

左腳落地，身體左後轉，右腳向右上一步，雙腿屈膝成馬步。隨著轉身上前，左勾手變掌反掌向左抄捋，右掌變拳屈肘用肘尖向右頂擊，左掌抱右拳上。目視右肘（圖23）。

圖 23

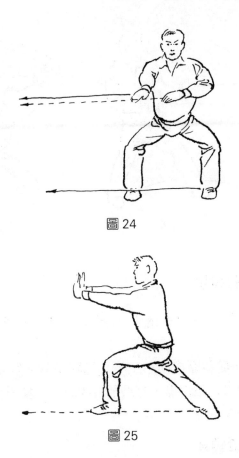

圖 24

圖 25

15.力推華山

　①右拳變掌，雙掌由身右前方向下、向左捋領。目隨雙掌（圖24）。

　②上動不停，身體右轉，左腳向前一步，雙掌屈腕立掌向前推出，掌指朝上，雙腿左屈右直成左弓步。目隨雙掌（圖25）。

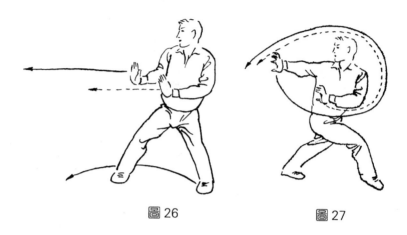

圖26　　　　　圖27

16. 猿猴倒掛

① 右腳向前一步落地，腳尖左擺，身體左轉（圖26）。

② 左腳從右腳後向右一步，雙腿屈膝。雙掌變爪，右爪向身右後方反爪掛撩，左爪至右腰前，上身向右擰轉。目視右爪（圖27）。

17. 怪蟒翻身

雙腳以前掌為軸碾地，身體左後翻轉，雙爪變拳隨轉身向前劈砸，雙拳眼朝上，左腿屈膝，右腿伸直。目視雙拳（圖28）。

18. 野馬蹬蹄

身體左轉，左腿站直，右腳向右蹬踹，力在腳跟。雙拳變掌，左掌屈肘平放於左胸前，右掌橫掌向右撐出，雙掌心

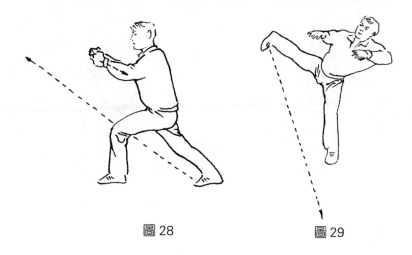

圖28　　　　　圖29

均朝下。目視右腳（圖 29）。

第三段

19.鳳凰伏地

① 身體左轉，右腳向右落步，腿伸直，左腿屈膝半蹲。右掌屈肘收回胸前，雙掌同時直臂向身

圖30　　　　　圖31

兩側伸插，左掌斜朝上，右掌斜朝下，掌心均朝前。目視右掌（圖30）。

② 上動不停，右掌直臂向下，經身前向左、向上弧形掄至頭前方，隨掄臂上身左轉。目隨右掌（圖31）。

③ 上動不停，右掌直臂向上、向右、向下弧形掄至身

圖 32　　　　　　　　　圖 33

右側，隨掄臂上身右轉。目隨右掌（圖32）。

④上動不停，左掌直臂向上、向右、向下弧形掄至身前方，右掌直臂向下、向後掄至身後方。隨掄臂身體右轉，右腿屈膝，左腿伸直。目視左掌（圖33）。

⑤上動不停，左掌直臂向下，經身前向左、向上掄至頭左上方；右掌直臂向上、向前、向下拍地。隨掄臂，身體左轉，左腿屈膝全蹲，右腿平鋪伸直成右仆步，上身前伏。目視右掌（圖34）。

20.猴子摘桃

身起並右轉，雙掌變拳，左拳屈肘收回左腋下向左撞擊，拳心朝下，右拳屈肘收抱右腰間，拳心朝上。雙腿右屈左直成右弓步。目視左拳（圖35）。

21.仙童挎籃

右腿站直，左腿屈膝上提至身前，腳尖朝下。同時左拳

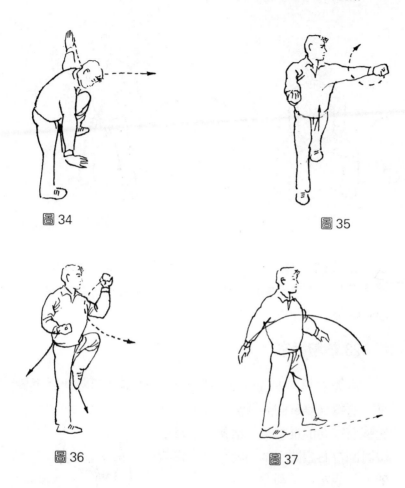

圖 34

圖 35

圖 36

圖 37

屈肘向右、向上揉挎於身前，拳心朝裡。目視左拳（圖
36）。

22.金剛扎錘

①左腳向左落步，身體左轉，雙拳變掌用掌背從兩腋
前向身兩側揮出，臂伸直，掌心朝下（圖37）。

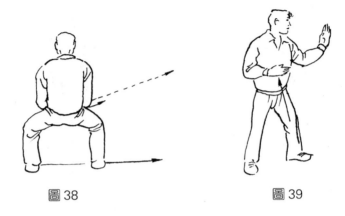

圖 38　　　　　　　　　　　圖 39

②身體左轉，右腳向右一步落地，雙腿屈膝成馬步。雙掌屈肘向上擺至頭前上方變拳向下扎至襠前，拳面朝下，拳心朝裡。目視雙拳（圖 38）。

23.纏腕推掌

身體右轉，左腳向前一步落地，雙腿微屈肘。雙拳變掌，隨轉身雙掌向前纏腕接拿後左掌屈腕立掌向前推掌，掌指朝上，右掌屈肘回拉右腰間，掌心朝左，掌指朝前。目視左掌（圖 39）。

24.金雞獨立

右腿站直，左腿屈膝上提至身前成右獨立步。雙掌身前屈腕成立掌，左掌心微朝右，右掌心朝左。目視左掌（圖 40）。

圖 40

圖 41　　　　　　　　　圖 42

25.順手牽羊

圖 43

① 左腳向前落步，右腳墊步震腳落於左腳處，左腳同時再向前一步，雙腿微屈膝（圖41）。

② 上動不停，右腳直腿橫腳向左前方蹋撩，腳離地，腳掌朝前。同時雙掌向身右後牽捋，上身向右擰轉。目視右腳（圖42）。

③ 右腳落地，腳尖右擺，左腳直腿橫腳向右前方蹋撩，腳離地，腳掌朝前。雙掌擺回身前後向身左後方牽捋，上身向左擰轉。目視左腳（圖43）。

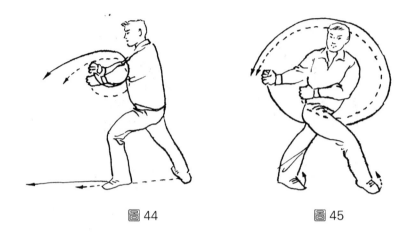

圖 44　　　　　　　圖 45

第四段

26. 鞭打回頭

① 身體左後轉，左腳向前一步落地，雙掌變拳向前劈砸，拳眼朝上，左腿屈膝，右腿伸直。目視雙拳（圖44）。

② 右腳向前一步，身體左轉，左腳從右腳後向右一步，雙腿屈膝。與轉身上步同時，雙拳向左、向上、向右弧形劈砸，拳眼朝上，上身向右擰轉。目隨雙拳（圖45）。

27. 鷂子翻身

雙腳以前掌為軸碾地，身體左後翻轉，雙腿左屈右直成左弓步，雙拳隨轉身向前劈砸，雙拳心相對。目視雙拳（圖46）。

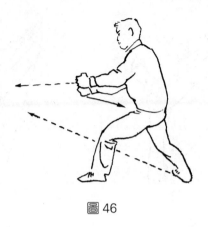

圖 46

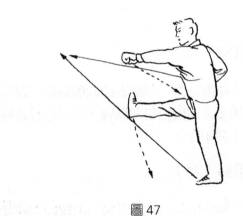

圖 47

28.野猿蹬枝

右腳由身後向前蹬踹，腿伸直，腳尖朝上。同時左拳向前直擊，拳心朝下；右拳屈肘收抱於右腰間，拳心朝上。目視左拳（圖47）。

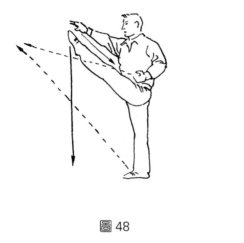 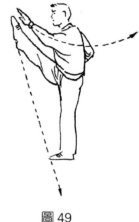

圖 48   圖 49

29.蒼鷹飛腳（左）

右腳落地，腿即站直，左腳直腿向前擺踢，腳背繃直。上身前傾，右拳變掌向前拍擊左腳背，左拳屈肘收抱於左腰間。目視左腳（圖48）。

30.蒼鷹飛腳（右）

左腳落地，腿即站直，右腳直腿向前擺踢，腳背繃平。上身前傾，左拳變掌向前拍擊右腳背，右掌屈肘回拉至右腰間，掌心朝上。目視右腳（圖49）。

31.寒雞獨步

①身體左後轉，右腳落地，腿站直（圖50）。

②上動不停，左腿屈膝上提於身前，腳尖朝下。右掌屈肘向上橫於頭上方亮掌，掌心朝上；左掌變勾手直臂向左

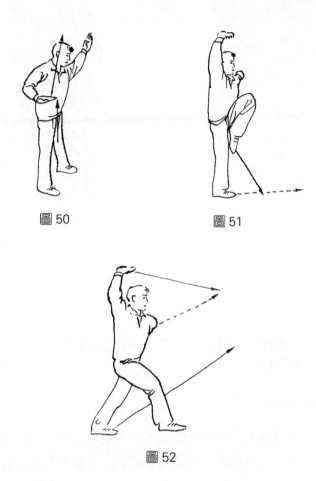

圖 50　　　　　　圖 51

圖 52

擺至身體左側，勾尖朝下。目視前方（圖51）。

第五段

32.靈貓洗臉

① 左腳向前落步，右腳隨即前邁一步落地（圖52）。

圖 53

圖 54

②上動不停，左腳向前擺起，左勾手變掌，向右擺至頭前方，右掌向前擺落於頭前方。目視雙掌（圖53）。

③上動不停，右腳蹬地跳起。在空中，右腳向前彈踢，腳背繃平。與此同時，雙掌從右腳兩側向下攔捋。目視右腳（圖54）。

33.斑豹守洞

左腳落地，右腳向左腳前落地，雙腿屈膝成右歇步，上身微左轉。雙掌變拳，右拳向身前下方直擊，拳面朝前下；左拳屈肘向上橫架向頭上方，拳心朝上。目視右拳（圖55）。

34.翻身打虎

①雙腳前掌碾地，身體左後翻轉，左腳向左前方邁一步，雙腿屈膝。左拳隨轉身向前劈砸，拳眼朝上（圖56）。

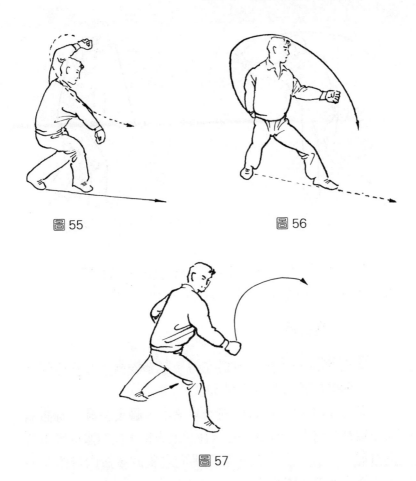

圖 55　　　　　　　圖 56

圖 57

② 右腳前邁一步落地，右拳隨之向前劈砸，拳眼向上，左拳屈肘回拉左腰間，拳眼朝上，雙腿右屈左直成右弓步。目視右拳（圖57）。

35.鴻雁出群

右腿站直，左腿屈膝上提，身體左轉，右拳用拳背向右

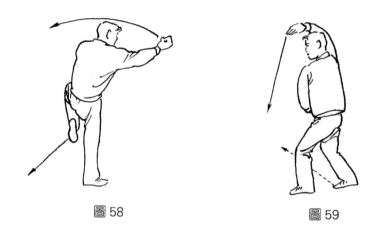

圖 58　　　　　　　　　　圖 59

上方反砸，拳心朝上，左拳平放向右腋前，拳心朝下，上身
向右擰轉。目視右拳（圖 58）。

36.雲遮日月

①左腳向左落步，身體左轉。雙拳變掌，右掌隨轉身
屈肘向前擺至頭前上方（圖 59）。

②上動不停，右腳向前一步落地，腳尖左擺，身體繼
續左後轉。隨上步轉身，右掌在頭上方雲手向右畫圓後下落
向身體右下方；左掌在胸前雲手向右畫圓後擺向身體左前
方。目視前方（圖 60）。

37.白馬撩蹄

右腿站直，左腳直腿向後翻撩，腳掌朝上。同時，左掌
直臂向下、向後隨腿甩撩，掌心朝右，掌指朝後；右掌直臂
向下、向前甩撩，掌心朝左，掌指朝前。目視左腳（圖
61）。

  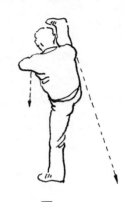

圖 60　　　　　　圖 61　　　　　　圖 62

38.腳踢南山

左腳落地，腿站直，身體左轉 270°，右腳向右側踹，力在腳跟。右掌隨身擺動向身前後橫掌向右撑掌，掌心朝下，肘微屈；左掌屈肘平放向左胸前，掌心朝下。目視右腳（圖 62）。

圖 63

39.仙女坐舞

右腳向後落步，雙腿屈膝成左虛步。右掌屈肘向左橫於頭上方亮掌，掌心朝上；左掌直臂平伸向身前變勾手，勾尖朝下。目視左手（圖 63）。

圖 64

第六段

40.黃鷹拿嗪

①右腳向前一步，腿即屈膝。雙掌（勾手）變爪，右爪向前探爪後回拉向胸前，左爪直臂前探。目視左爪（圖64）。

②上動不停，右腳前邁半步，左腳跟步雙腿成左跪膝步。右爪隨腳前邁向前卡抓，左爪屈肘收回胸前。目視右爪（圖65）。

41.拙童抄腳

①身體左轉45°，兩爪變掌，左掌向左擺落向身左側，右掌下落向身右側，掌心均朝下。左腳同時向前一步，腿站直（圖66）。

②上動不停，在左腳落地的同時，右腳用腳跟向前搓

圖 65

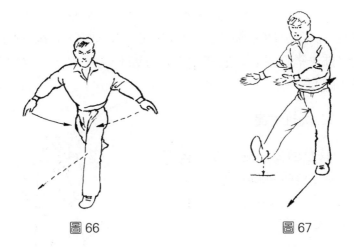

圖 66　　　　　　　　　圖 67

步，腳離地，腳掌朝前。同時兩掌臂外旋向下、向裡（左掌右、右掌左）、向上弧形抄撩掌，掌心朝上。目視右掌（圖67）。

圖 68

圖 69

42. 指路畫影

身體左轉 45°，右腳落地，腿站直，左腳前邁一步，腿站直，腳尖著地，身體上拔。與左腳上步同時，右掌直臂向前平插，掌心朝上；左掌回拉向左腰間，掌心朝上。目視右掌（圖 68）。

43. 倒打七星

① 左腳從右腳後向右後方上一步，雙腿屈膝。右掌直臂反掌向上、向右後弧形甩撩。目隨右掌（圖 69）。

② 上動不停，右腳向右後方退一步，右掌直臂向下、向左前、向上弧形繞擺。目隨右掌（圖 70）。

圖 70

圖71

圖72

③ 上動不停，左腳從右腳後向右後方再上一步，右掌直臂向右後方甩撩。目隨右掌（圖71）。

44. 二郎擔山

右腳向右退一步落地，雙腿屈膝成馬步。雙掌變拳，左拳向上、右拳向下屈肘立頭兩側，拳面均朝上，拳心均朝裡。目視前方（圖72）。

45. 金針入地

① 左腳向左邁半步落地，身體左轉（圖73）。

② 上動不停，身體繼續左轉，右腳向前一步落地，左腿站直，右腿屈膝，腳尖著地，上身下伏，右拳面碰擊地面，左拳收向左腰

圖73

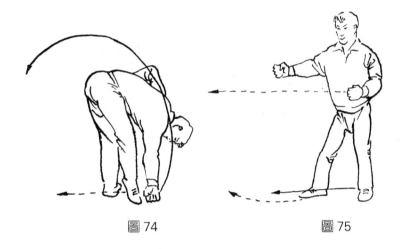

圖 74　　　　　　　　　圖 75

間。目視右拳（圖 74）。

46.金猴偷果

①身體右後翻轉，右腳震腳落地，右拳隨轉身向前劈砸，拳眼朝上。目視右拳（圖 75）。

②左腳向前一步落地，身體右轉，右腳從左腳後向左插步，雙腿屈膝。在雙腳動作的同時，右拳變掌屈肘立於臉左側，左拳向左直擊，拳心朝下。目視左拳（圖 76）。

47.小人砍脖

①雙腿站直，左拳變掌，雙掌向右直臂擺放身前，掌心朝下，掌指朝前。目視雙掌（圖 77）。

②雙腳以前掌為軸碾地，身體右後轉 180°，雙掌隨轉身直臂平掌向右砍削。目隨雙掌（圖 78）。

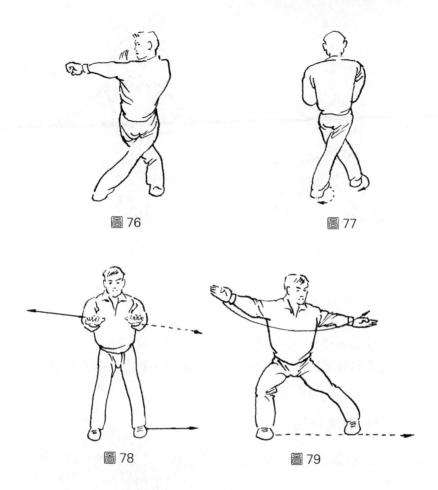

圖 76

圖 77

圖 78

圖 79

48.燕子抄水

　　左腳向左一步，腿伸直，右腿屈膝。雙掌屈肘收向胸前後向身兩側直臂斜插掌，右掌斜朝上，左掌斜朝下，掌心均朝前。目視左掌（圖 79）。

圖80　　　　　　　　　圖81

49.伯樂拴馬

身體左轉，右腳向前一步，雙腿屈膝成右虛步。右掌從身後擺向身前與左掌搭袖，右手腕搭左手腕上，掌心朝下，手指微叉開。目視雙掌（圖80）。

50.羅漢神站

①右腳後退一步落地，身體右轉，左腳靠攏右腳，雙腿站直。雙掌同時臂外旋屈肘收向兩腋前用掌背向身兩側撣出（圖81）。

②雙掌變拳，左拳向上、向右、向下、向左畫圓後屈肘橫向身後，拳心朝後；右拳屈肘向上橫向頭上方，拳心朝上。目視前方（圖82）。

圖82　　　　　　　　圖83

收　式

雙拳變掌，左掌由身後下貼於左大腿外側，右掌從頭上
下貼於右大腿外側。目視前方（圖83）。

第四節　迷蹤拳第二路（中級套路）

動　作　名　稱

第一段
預備式
1. 左右開弓
2. 燕子穿林
3. 母雞護窩
4. 劈山填海
5. 小人踹腿
6. 三步搖鈴
7. 霸王挑踹
8. 猛虎掏心
第二段
9. 仙童帶耳
10. 餓虎撲食
11. 拽沙蹦騰
12. 穩守泰山
13. 迎封插錘
14. 蒼鷹伸腿
15. 烏龍掃尾

16. 閻王砸肘
17. 騰空飛腳
18. 浪子行步
19. 獅子張口
第三段
20. 金雞抖翎
21. 雄鷹展翅
22. 拗步橫擂
23. 白猿蹬腳（右）
24. 白猿蹬腳（左）
25. 旋風飛腳
26. 磨石盤花
第四段
27. 拐李送膝
28. 霸王懸鞭
29. 青龍撩爪
30. 獅子擺頭
31. 順水推舟

32. 金剛亮臂

33. 擴手領送

34. 黑驢跺蹄

第五段

35. 青龍回首

36. 仙人指路

37. 天馬行空

38. 羅漢推碑

39. 狸貓捕鼠

40. 迎封照陽

41. 倒拽鬥牛（右）

42. 倒拽鬥牛（左）

43. 順風扯旗

44. 鳳凰伏地

第六段

45. 蒼松獨樹

46. 猛虎滾錘

47. 小人打陰

48. 游龍轉頭

49. 按水葫蘆

50. 二龍戲珠

51. 探手摘花

52. 浪子回頭

53. 白鶴亮翅

第七段

54. 游龍戲水

55. 黃鶯踢枝

56. 金剛踹腿（右）

57. 金剛踹腿（左）

58. 老僧推門

59. 鐵犁耕地

60. 臥牛蹬踹

61. 燕子抄水

第八段

62. 小鬼抄撩

63. 野馬翻蹄

64. 鐵腳點地

65. 轉身抱樁

66. 加步沖搓

67. 橫擔鐵門

68. 仙人作揖

69. 童子獻果

70. 老僧揮塵

收　式

動　作　圖　解

第一段

預備式

雙腳併立，兩手成掌下貼於兩大腿外側。目視前方（圖1）。

1.左右開弓

① 兩掌握拳，臂外旋屈肘上提兩腋前，拳心朝上（圖2）。

② 兩拳臂內旋向身兩側直擊，臂伸直，拳心朝下。目視左拳（圖3）。

圖1

2.燕子穿林

① 頭右擺正。雙拳變掌，先臂外旋向下、向裡（左掌右、右掌左）屈肘收向腹前，後臂內旋胸前交叉，左掌在裡，掌心朝前，隨即向頭上方剪架。目視前方（圖4）。

② 上動不停，雙掌直臂

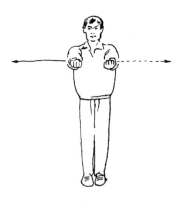

圖2

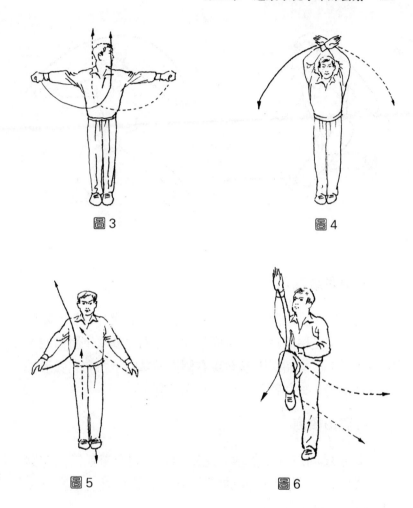

圖3　　　　　　　圖4

圖5　　　　　　　圖6

向身兩側弧形下落同腰高，手心朝下（圖5）。

③上動不停，左腳向前一步落地，腿站直，右腳屈膝上提向身前，腳尖朝下。在右腿上提的同時，雙掌臂外旋屈肘裡收向胸前後，右掌向頭右前上方直臂斜穿掌，掌指斜朝右前上方，左掌立右腋前，掌心朝右。目視右掌（圖6）。

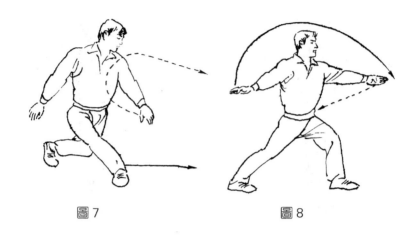

圖7　　　　　　　　　圖8

3.母雞護窩

　　右腳向左腳左前方落步，雙腿屈膝下蹲成右歇步。隨腿下蹲，左掌左移向身左側後橫掌向下、向左撐掌，肘微屈，掌心朝下；右掌屈肘下落向身右側後橫掌向下、向右弧形撐掌，肘微屈，掌心朝下。目視左掌（圖7）。

4.劈山填海

　　①左腳向左一步落地，左掌向右、向上畫弧後向左劈出，臂伸直，掌指朝左。左腿屈膝，右腿伸直，上身微左轉。目隨左掌（圖8）。

　　②上動不停，身體左轉，右掌直臂向上、向前、向下弧形劈掌，掌指朝前，左掌變拳收回左腰間，拳心朝上。目視右掌（圖9）。

　　③左腿站直，右腳從身後向前彈踢後屈膝提向身前，腳尖朝下。同時，左拳向前直擊，拳心朝下；右掌變拳拉回

圖9　　　　　　　　　圖10

右腰間，拳心朝上。目視前方
（圖10）。

5.小人踹腿

　　右腳向前落步，腿微屈膝，
左腳直腿橫腳向右前方蹦踹，腳
離地，腳掌朝前，腳尖斜朝左
上。與此同時，雙拳變掌，左掌
直臂向下、向後弧形削擊至身體
左後下方；右掌直臂向前、向上
撩擊至頭右上方，掌指朝上。目
視前方（圖11）。

圖11

6.三步搖鈴

　　① 左腳向前落步，雙腿微屈膝，右腳跟抬起欲起腳，

圖 12　　　　　　　　　　　圖 13

右掌下落向身體右前方（圖12）。

　　② 上動不停，右腳用前掌向後、向上翻撅，腳離地，腿屈膝，小腿向後，腳掌朝上。隨右腳後翻，左掌直臂向下，經身左側向前擺至身左前方，掌指朝前；右掌直臂向下，經身右側向後擺至身右後方，掌指朝後。目視前方（圖13）。

　　③ 右腳前邁一步落地，上身微前傾，雙腿微屈膝，左腳跟抬起欲起腳（圖14）。

　　④ 上動不停，左腳屈膝向後翻撅，腳離地，小腿向後，腳掌朝上。左掌直臂向下、向後擺至身體左後方，掌心朝右；右掌直臂向下、向前擺至身體右前方，掌心朝左。目視前方（圖15）。

　　⑤ 左腳前邁一步落地，上身微前傾，雙腿微屈膝，右腳跟抬起欲起腳（圖16）。

　　⑥ 右腳向左前方擺起，身體左轉，左腳蹬地跳起，身騰空。右掌直臂向下、向後落向身體右後方，左掌向前、向

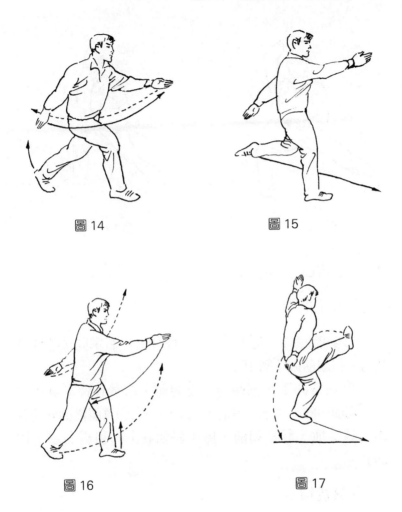

圖 14　　　　　　　　圖 15

圖 16　　　　　　　　圖 17

上擺至頭左上方（圖17）。

　　⑦上動不停，在空中，身體左後轉，左腳向左落步，腿屈膝，右腳向右落地，腿伸直。在雙腳落地的同時，右掌向上、向左屈肘平放腹前，掌心朝下，掌指朝左；左掌向下、向左、向上畫圓後屈肘橫於頭前上方，掌心朝下，掌指

圖18

圖19

朝右。目視前方（圖18）。

7.霸王挑踹

①身體左轉，左腿屈膝，右腿伸直，右掌向後落向身後方。目視前方（圖19）。

②左掌向下，經臉前按壓胸前，右掌直臂從身後向下、向前、向上挑掌，掌心朝上。同時右腳直腿橫腳向前踹出，腳離地，腳掌朝前，腳尖斜朝右上。目視右掌（圖20）。

8.猛虎掏心

①右腳震腳落地，身體右轉，左腳向左一步，雙腿屈膝成馬步。雙掌變拳，左拳隨左腳上前向左直擊，拳心朝下；右拳屈肘後拉向右腰間，拳心朝上。目視左拳（圖21）。

②上身左轉，右拳隨轉身向前直擊，拳心朝下，左拳

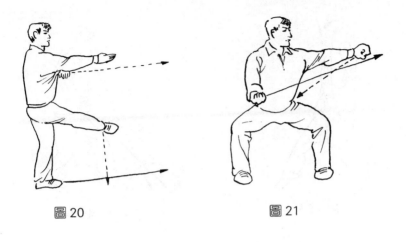

圖 20　　　　　　　　圖 21

圖 22　　　　　　　　圖 23

屈肘後收向左腰間，拳心朝上。目視右拳（圖 22）。

　　③上身右轉，左拳向左直擊，拳心朝下，右拳屈肘收回至右腰間，拳心朝上。目視左拳（圖 23）。

圖 24

圖 25

第二段

9.仙童帶耳

① 身體左轉，雙腿變左虛步。雙拳變掌，右掌向前，經胸部向上立於右耳前，掌心朝左；左掌屈肘後拉向胸前，在右掌左向下錯掌後落向左大腿根處，掌指朝下。目視前方（圖24）。

② 雙腳以前掌為軸碾地，身體右後轉，雙腿變右虛步。伴隨轉身，左掌屈肘向上立右耳前，掌心朝右；右掌變拳，挺肘直臂向下在左掌右錯拳後落向右大腿根處，拳眼朝前。目視前方（圖25）。

10.餓虎撲食

雙腳同時蹬地跳起前縱，身體左轉，雙腳落地，左腿屈膝全蹲，右腿平鋪伸直成右仆步。右拳變掌，雙掌隨蹲身仆

圖26

圖27

步向下撲地，上身前伏。目視雙掌（圖26）。

11.拽沙蹦騰

① 身起並右轉，左腿屈膝，右腿伸直。雙掌半握拳屈肘立向胸前，掌心朝前。目視前方（圖27）。

② 左腳向前擺起，右腳蹬地跳起。在空中，右腳腳背繃直向前彈踢，雙手十指張開向前拽沙。目視右腳（圖28）。

圖28

12.穩守泰山

左右腳先後落地，身體左轉，雙腿屈膝成馬步。與此同時，雙掌變拳，右拳向右直擊，拳心朝下；左拳屈肘收回至

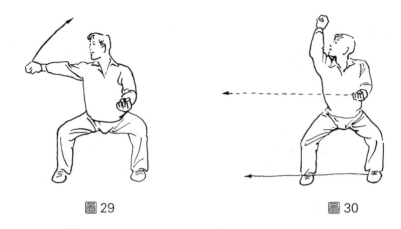

圖 29   圖 30

左腰間，拳心朝上。目視右拳（圖 29）。

13. 迎封插錘

①右拳屈肘向上迎封橫架向頭右前方，拳心朝前。目視右拳（圖 30）。

②上動不停，身體右後轉，左腳向左一步落地，雙腿屈膝成馬步。左拳隨左腳前邁向左直擊，拳心朝下；右拳屈肘下落向右腰間，拳心朝上。目視左拳（圖 31）。

14. 蒼鷹伸腿

右腿站直，上身右傾，左腿提起，左腳橫腳向左鑣踢。左拳屈肘收回左腰間，拳心朝上。目視左腳（圖 32）。

15. 烏龍掃尾

①左腳落地，腿伸直，右腿屈膝。目視左方（圖 33）。

②身體左轉，上身前傾，左腿屈膝，右腿伸直。雙拳

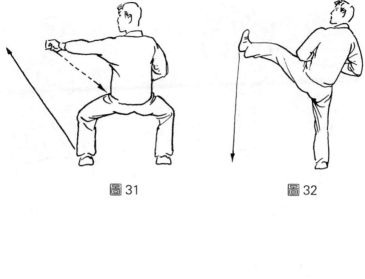

圖 31　　　　　　　　　圖 32

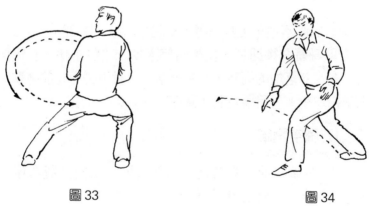

圖 33　　　　　　　　　圖 34

變掌，雙掌與轉身同時向身體左前方抄抓後向左後方将帶。
目隨雙掌（圖34）。

　　③上動不停，右腿提起，腳背繃直，用小腿、腳背向
前掃踢，身體隨即左轉。目視右腳（圖35）。

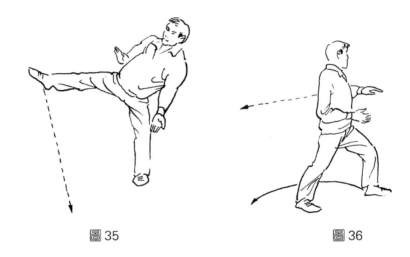

圖 35　　　　　　　　　　　　圖 36

16.閻王砸肘

① 右腳落地，上身左轉，雙腿微屈膝（圖36）。

② 身體左後翻轉，左腳向前落步，左腿屈膝，右腿伸直。在左腳落地的同時，左掌變拳，屈肘用肘尖向前砸擊，右掌抱左拳上。目視左肘（圖37）。

17.騰空飛腳

① 右腳向前一步落地，右掌直臂下落向身體右後下方，左拳變掌直臂上擺至頭左前上方（圖38）。

② 上動不停，左腳向前擺起，右腳蹬地跳起，身體騰空。同時，右掌從身後向前、向上屈肘甩起，掌心朝下，左掌在頭部上方迎擊右手背（圖39）。

③ 在空中，右腳腳背繃直向前彈踢，右掌向前迎擊右腳背，左掌伸於左側。目視右腳（圖40）。

圖 37　　　　　　　　圖 38

圖 39　　　　　　圖 40　　　　　　圖 41

18. 浪子行步

① 左腳落地，右腳隨即向前落地，上身微前傾，雙腿微屈膝，左腳跟抬起欲起腳。右掌擺至頭右上方，左掌下落向身體左下方。目視前方（圖 41）。

② 左腿屈膝向後翻撅，腳離地，小腿向後，腳掌朝

圖 42　　　　　　圖 43　　　　　　圖 44

上。右掌向左、向下、向後弧形下落向身體右下方，左掌屈肘向右、向上在右臂裡穿掌後上擺至頭左上方（圖 42）。

③上動不停，左腳向左前方上一步，雙腿微屈膝，上身微前傾，右腳跟抬起欲起腳。左掌下落向身體左下方，右掌上擺向頭右上方（圖 43）。

④上動不停，右腳用前掌向後、向上**翻撅**，腿屈膝，小腿向後，腳掌朝上。右掌向左、向下、向後弧形下落向身體右下方，左掌屈肘向右、向上在右臂裡穿掌後上擺向頭左上方。目視前方（圖 44）。

19.獅子張口

上動不停，身體左轉，右腳向前一步落地，雙腿右屈左直成右弓步。左掌向左、向下直臂降落至同肩平，掌心朝上；右掌屈肘向上橫於頭上方，掌心朝下，掌指朝左。目視左方（圖 45）。

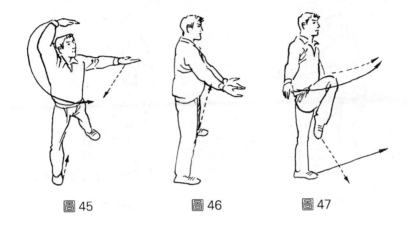

圖 45　　　　　圖 46　　　　　圖 47

第三段

20.金雞抖翎

①身起並左轉，右腳向左半步，兩腿站直。右掌向後、向左、向前弧形擺動至身前翻掌，掌心朝前，左掌下落至身前，用腰、肩推動臂掌左右抖動三次。目隨雙掌（圖46）。

②雙掌臂外旋屈肘上擺向兩腋前，用掌背向身體兩側揮擊，掌心朝下。右腳與揮手同時屈膝上提向身前，腳尖朝下。目視前方（圖47）。

21.雄鷹展翅

①右腳向前落地，腿微屈膝，左腳同時用腳跟向前搓步，腳離地，腿伸直，腳尖朝上。與左腳跟搓地同時，雙掌臂外旋向下、向裡、向前、向上撩擊，掌心朝上。目視雙掌

圖48

圖49

（圖48）。

　　② 左腳落地，腿微屈膝，右腳同時用腳跟向前搓步，腳離地，腿伸直，腳尖朝上。雙掌隨右腳搓步，臂內旋向下、向後擺動至身體兩側，臂伸直，掌心朝下。目視前方（圖49）。

22. 拗步橫擂

圖50

　　① 右腳震腳落地，左腳向前一步，左腿屈膝，右腿伸直，上身微右轉。雙掌變拳，右拳向後擺至身右後方，拳心朝下；左拳向右屈肘擺至身右前側，拳心朝下。目視右前方（圖50）。

　　② 上動不停，身體左轉，左拳直臂向左橫擊至身體左側，拳心朝下，右拳直臂用拳眼向前、向左弧形橫擂向身前，拳心朝下。目隨右拳（圖51）。

圖 51

圖 52

23. 白猿蹬腳（右）

① 雙腳尖左碾，身體左轉，雙腿屈膝半蹲。雙拳變掌，屈肘胸前交叉，左掌在上，掌心朝下。頭左仰，目視右方（圖 52）。

圖 53

② 左腿站直，右腳向右蹬踹，力在腳跟。右掌橫掌隨右腳向右撐掌，左掌屈肘平放左胸前，掌心均朝下。目視右腳（圖 53）。

24. 白猿蹬腳（左）

① 右腳落地，雙腳以前掌為軸碾地，身體右後轉，雙腿屈膝半蹲。右掌收回胸前與左掌交叉，右掌在上，掌心朝

圖 54

圖 55

下。頭右仰，目視左方（圖54）。

②右腿站直，左腳向左蹬踹，力在腳跟。左掌橫掌向左撐出，右掌屈肘平放右胸前，掌心均朝下。目視左腳（圖55）。

25. 旋風飛腳

圖 56

①左腳落地，上身向右擰轉，微前伏，左掌向上舉擺向頭左上方，右掌下落向身體前下方（圖56）。

②上動不停，左掌向下、向右繞行，右掌向右、向後繞行（圖57）。

③上動不停，左腳蹬地起跳，右腳向後擺起，上身繼續向後、向上翻轉，身體騰空（圖58）。

圖 57

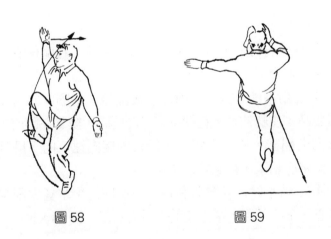

圖 58　　　　　　　　圖 59

④ 在空中，上身繼續向右翻轉，同時，左腳從左向上、向額前裡合橫擺，至額前時，右掌迎擊左腳腳背（圖59）。

26.磨石盤花

① 右腳落地，身體微右轉，左腳隨即向前落地，腳尖

圖 60 　　　　　　　圖 61

右擺（圖60）。

②身體右轉，上身左傾，左腿微屈膝，右腿伸直。雙掌屈肘胸前交叉，左掌在上，掌心朝下（圖61）。

③上動不停，身體繼續向右後翻轉，右腳向右落步，右腿屈膝，左腿伸直。在轉身上步的同時，雙掌在胸前先臂外旋向上翻掌，使掌心朝上，後臂內旋向裡、向下磨腕翻掌，使掌心朝下。目隨雙掌（圖62）。

④上動不停，身體微右轉，右掌向前平掌猛力削擊，臂伸直，掌心朝下，掌指朝前。目視右掌（圖63）。

第四段

27.拐李送膝

右腿站直，左腿屈膝用膝尖向前、向上頂擊。右掌屈肘回拉胸前後，雙掌與左膝上提的同時向身左下、左後抓捋。目視前方（圖64）。

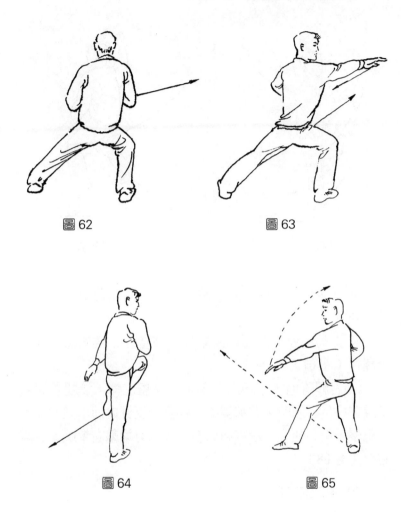

圖 62　　　　　　　　圖 63

圖 64　　　　　　　　圖 65

28.霸王懸鞭

① 身體左後轉，左腳向前落步，雙腿微屈膝（圖 65）。

② 上動不停，身體繼續左轉，右腳向前擺起，右掌向

圖 66　　　　　　　　　　圖 67

左、向下落至身體右下方，左掌向上、向左擺至頭左上方
（圖66）。

　③上動不停，左腳起跳離地。在空中，身體繼續向左
後翻轉（圖67）。

　④右腳落地，左腳向左落地，身體左轉，雙腿左屈右
直成左弓步。同時，右掌變拳，從身後直臂向前，向頭前上
方甩擊，拳心朝下，左掌屈肘在頭前上方迎擊右拳腕。目視
右拳（圖68）。

29.青龍撩爪

　①右腳向前一步落地（圖69）。

　②雙腳以前掌為軸碾地，身體左後轉，兩腿屈膝成左
跪膝步，雙掌變爪，隨轉身，右爪向下、向後反撩，至身
後，爪心朝上；左爪屈肘橫向頭前上方，爪心朝前。目視右
爪（圖70）。

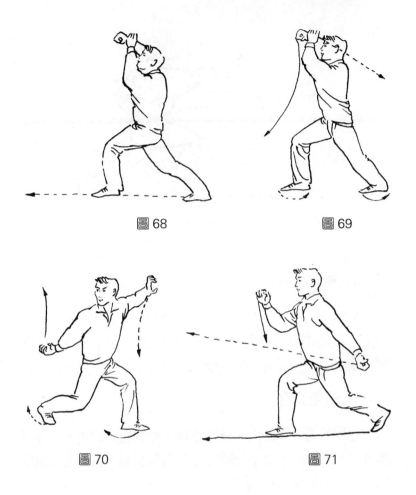

圖 68　　　　　　　　圖 69

圖 70　　　　　　　　圖 71

30. 獅子擺頭

　　兩腳以前掌為軸碾地身體右後轉，兩腿變左跪膝步。與此同時，雙爪變拳，右拳臂外旋屈肘向右、向上擺向臉前，拳心朝左；左拳向下落向身後，拳心朝後。目視右拳（圖71）。

圖 72

31.順水推舟

左腳向前一步，左腳屈膝，右腿蹬直。左拳變掌，與左腳上步同時由身後向前推出，掌指朝上，右拳下落至右腰間，拳心朝上。目視左掌（圖72）。

32.金剛亮臂

右腳前邁一步落地，身體左轉，雙腿屈膝成馬步。左掌變拳收回左腋前，雙拳同時向身體兩側直擊，臂伸直，拳眼朝上。目視右拳（圖73）。

33.擄手領送

① 雙拳變掌，屈肘收靠向胸前，掌心朝下。上身右轉，雙腿微屈膝（圖74）。

② 上動不停，右腳向前一步落地，左腳隨之向前踹撩，腳離地，腿屈膝。上身前傾，雙掌變掌心朝上向前接

圖 73　　　　　　　　　　　圖 74

圖 75　　　　　　　　　　　圖 76

拳。目隨雙掌（圖 75）。

　　③上動不停，左腳向後落步，右腳隨之向後蹁撩，腳
離地，腿屈膝。同時雙掌變掌心朝下向後捋領。目隨雙掌
（圖 76）。

　　④上動不停，右腳向前一步落地，腿即屈膝，雙掌同

時猛力向前推送。目視
雙掌（圖77）。

34. 黑驢跺蹄

身體左轉，左腳跳
落右腳處，右腳同時跳
起向右橫跺，腿伸直，
腳離地，腳掌朝右下。
在右腳前跺的同時，左
掌屈肘向上橫架於頭上
方，掌心朝上；右掌變
勾手向身後勾掛，勾尖
朝上。目視右腳（圖
78）。

圖77

第五段

35. 青龍回首

身體左轉，右腳向
前一步落地，右勾手變

圖78

拳，由身後向前直擊，拳心朝下，左掌變拳屈肘下落向左腰
間，拳心朝上。雙腿右屈左直成右弓步，上身前傾。目視右
拳（圖79）。

36. 仙人指路

上身後傾，右腳後拉半步，雙腿屈膝成右虛步。雙拳變

圖79

圖80

掌，右掌向上、向後、向下、向前畫圓至身前方，屈肘、屈腕挑指，掌指朝上；左掌向前、向上在右臂外穿掌後，經頭上向後臂內旋下落於身後變勾手，勾尖朝上。目視右掌（圖80）。

圖81　　　　　　　　　　　　圖82

37.天馬行空

①右腳向前半步，左腳隨即向前一步落地（圖81）。

②上動不停，右腳蹬地向前擺起，左勾手變掌上擺向身體左前方（圖82）。

③上動不停，左腳蹬地跳起。在空中，身體向前縱跳，雙掌上擺向頭前上方（圖83）。

④上動不停，右腳落地，左腳隨即向前落地，身體右轉，右腿屈膝，左腿伸直。雙拳向右擺至頭右前方。目視左方（圖84）。

⑤上動不停，身體左轉，重心前移，雙腿左屈右直成左弓步。雙掌變拳，隨轉身左拳屈肘向上橫架於頭上方，拳心朝上；右拳向前猛力直擊。目視右拳（圖85）。

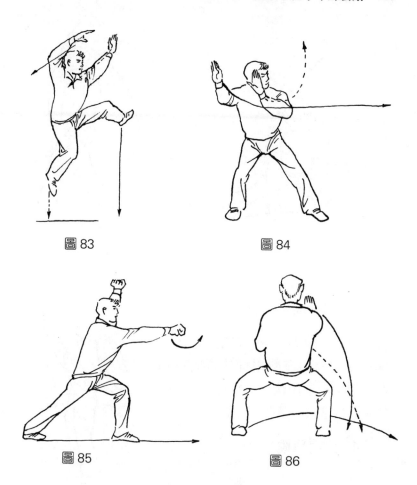

圖 83　　　　　　　　　　圖 84

圖 85　　　　　　　　　　圖 86

38. 羅漢推碑

　　右腳向前一步落地，腳尖左擺，身體左轉，雙腿屈膝成馬步。與上步轉身同時，雙拳變掌，左掌向下、向左反掌抄捋後屈肘收向左腰間，掌心朝上；右掌屈腕立掌向前推出，掌指朝上。目視右掌（圖86）。

圖 87

圖 88

39.狸貓捕鼠

身體右後轉，左腳向左一步，右腿屈膝重蹲，左腿平鋪伸直成左仆步，雙掌向下撲地，上身前伏。目視雙掌（圖 87）。

40.迎封照陽

① 身起並左轉，雙掌變拳，左腳後退一步落地，左拳屈肘向上迎封經臉前橫架於頭上方，拳心朝上（圖 88）。

圖 89

② 上動不停，右腳後退一步與左腳站齊，右拳屈肘向上迎封橫於頭前上方，拳心朝前，左拳向左、向後下落向身後方，拳心朝後，目隨右拳（圖 89）。

圖 90

圖 91

③ 左腿站直，右腿屈膝
上提向身前，腳尖朝下。在右
腳上提的同時，左拳由身後向
前、屈肘向上橫架於頭上方，
拳心朝上；右拳向後、向下落
向身後方，拳心朝後。目視前
方（圖 90）。

41. 倒拽鬥牛（右）

① 右腳向前落步，左腳
隨即向前一步落地，雙腿微屈

圖 92

膝。雙拳變掌，左拳從頭上下落向身前，右掌從身後向前擺
至身前，掌心均朝下。目視雙掌（圖 91）。

② 上動不停，在左腳落地的同時，右腳直腿橫腳向左
前方蹉踹，腳離地，腳掌朝前，腳尖斜朝右上。同時，雙掌
向身右後方抓拎，上身向右擰轉。目隨雙掌（圖 92）。

圖 93　　　　　　　　圖 94

42.倒拽鬥牛（左）

右腳落地，左腳直腿橫腳向右前方蹁踹，腳離地，腳掌朝前，腳尖斜朝左上。雙掌左擺向身前後向左後方抓捋，上身向左擰轉。目隨雙掌（圖 93）。

43.順風扯旗

左腳向前落步，身體右轉，左腿屈膝。右腿伸直，雙掌屈肘收向胸前，同時向身兩側直臂伸插，左掌斜朝上，右掌斜朝下，掌心均朝前。目視右掌（圖 94）。

44.鳳凰伏地

① 右掌直臂向下、經身前向左、向上弧形掄至頭前方，上身隨掄臂左轉。目隨右掌（圖 95）。

② 上動不停，右掌直臂向上、向右、向下掄至身體右側，掌心朝前，上身隨之右轉。目隨右掌（圖 96）。

圖95　　　　　　　　　圖96

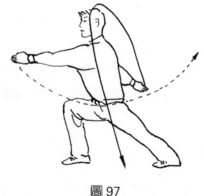

圖97

③上動不停，左掌直臂向上、向右、向下弧形掄至身體前方，右掌直臂向下、向右掄至身後方。身體同時右轉，右腿屈膝，左腿伸直。目視左掌（圖97）。

④上動不停，左掌直臂向下、向左、向上掄至頭左前方，掌心朝前，右掌直臂向上、向前、向下拍地。與此同時，身體左轉、左腿屈膝全蹲，右腿平鋪伸直成右仆步，上

身前伏。目視右掌（圖
98）。

第六段

45.蒼松獨樹

圖 98

① 身起並右轉，
右腿屈膝，左腿伸直。
雙掌變拳，右拳隨轉身
擺向身前方，左拳向右
擺向腹前（圖99）。

② 上動不停，左腳蹬地由身後屈膝上提，用膝尖向身
前頂擊，腳尖朝下，身體隨即右轉，右腿站直。右拳屈肘向
上、經臉前擺向頭後上方，拳心朝上；左拳屈肘上擺至臉前
方，肘尖朝前，拳心朝上。目視前方（圖100）。

圖 99　　　　　　　　　　圖 100

46.猛虎滾錘

① 左腳向前落步，腿即屈膝，左拳向前劈砸，拳眼朝上。目視左拳（圖101）。

② 右腳向前一步落地，右拳向前劈砸，拳眼朝

圖 101

上，左拳後拉向左腰間，拳眼朝上，右腿屈膝，左腿伸直。目視右拳（圖102）。

③ 左腳從右腳後向右上一步，身體左轉，雙腿屈膝。右拳直臂向下、向左、向上、向右畫圓反背砸擊，拳心朝上，上身向右擰轉。目視右拳（圖103）。

④ 雙腳以前掌為軸碾地，身體左後轉，左拳隨轉身直

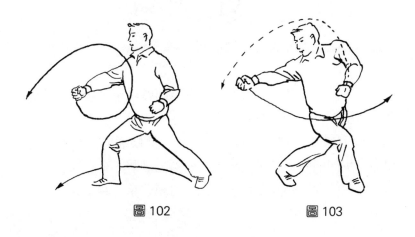

圖 102   圖 103

圖 104

圖 105

臂向上、向前劈砸，拳眼朝上，右拳隨轉身至身後。左腿屈膝，右腿伸直。目視左拳（圖104）。

　⑤身體左後轉，右腳向左一步，雙腿屈膝成馬步。在轉身上步的同時，右拳從身後向前猛力砸擊，拳心朝上；左拳屈肘後拉向左腰間，拳心朝上。目視右拳（圖105）。

圖106

圖107

47.小人打陰

① 左腳向右腳後右方插步，右拳直臂向右後方反背撩擊，拳心朝下，上身向右擰轉。目視右拳（圖106）。

② 雙拳變掌，右掌屈肘向上、向左、向下弧形擺落向身體右下

圖108

方，左掌向右、向上在右臂裡穿掌後向左擺至臉左前側（圖107）。

③ 左腿站直，右腳用腳跟直腿向右後方撩擊，腳離地，腳尖朝下。右掌直臂用掌背隨右腿向右後方撩擊，掌心朝下，左掌直臂向頭左上方甩撩。目隨右掌（圖108）。

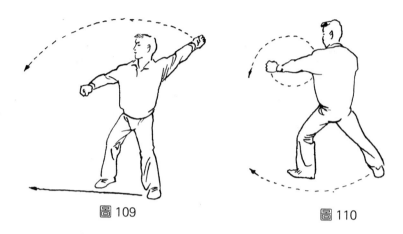

圖 109　　　　　　　圖 110

48.游龍轉頭

① 右腳落地，雙掌變拳（圖109）。

② 左腳向右上一步落地，身體右後轉，左拳直臂由身後向前、向下弧形砸擊，右拳在身前向左、向上、向前弧形砸擊，拳眼均朝上。目視雙拳（圖110）。

③ 右腳從左腳後向左插步，雙腿屈膝。雙拳在身前同時向右、向上、向左劃弧砸擊，拳眼朝上。目隨雙拳（圖111）。

49.按水葫蘆

① 雙腳以前掌為軸碾地，身體右後翻轉，右腿屈膝，左腿伸直。與轉身同時，雙拳向右、向上、向下弧形砸擊，拳眼朝上。目視雙拳（圖112）。

② 雙拳變掌，向下、經身前向左按推，掌心朝左。同時右腳橫腳從左腳後向左蹬撩，腳離地，腿屈膝，腳掌朝

圖 111

圖 112

圖 113

圖 114

左。目隨雙掌（圖 113）。

③ 右腳向右落地，左腳橫腳從右腳後向右蹦撩，腳離地，腿屈膝，腳掌朝右。同時雙掌向下、經身前向右按推，掌心朝右。目隨雙掌（圖 114）。

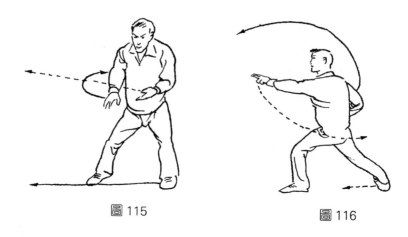

圖 115   圖 116

50.二龍戲珠

①左腳向左落步，右腳左滑半步，雙腿微屈膝，雙掌屈肘向下、向左捋領至身前。目隨雙掌（圖 115）。

②右掌向前、向右反掌抄攦後屈肘收向右腰間，掌心朝上。身體隨即右轉，左腳向前一步，雙腿左屈右直成左弓步。左掌拇指、無名指、小指相握，中指，食指叉開隨左腳前邁向前戳擊。目視左掌中、食指（圖 116）。

51.探手摘花

左腿站直，右腳前滑半步，腿伸直，腳跟抬起，上身前傾。右掌直臂向頭前上方探掌，掌指朝前；左手成掌直臂向下、向後繞環至身後。目視右掌（圖 117）。

52.浪子回頭

雙腳以前掌為軸碾地，身體右後轉，右腿屈膝，左腿蹬

圖 117

圖 118

直。與此同時，雙掌變拳，右拳直臂向下、向右繞環至身前
屈肘向上橫架於頭上方，拳心朝上；左拳直臂向上、向下弧
形繞環向身後變屈肘從身體左側向前直擊，拳心朝下。目視
左拳（圖118）。

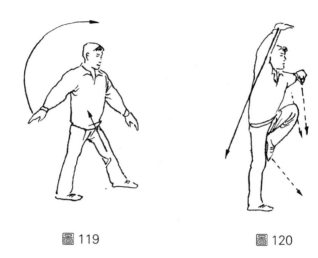

圖 119　　　　　　　　圖 120

53. 白鶴亮翅

①右腳向後退一步落地，腿站直。雙拳變掌，左掌臂外旋屈肘收向左腋前，右掌臂外旋下落向右腋前，雙掌用掌背同時向身兩側揮擊，掌心朝下（圖 119）。

②左腿屈膝上提至身前，腳尖朝下。右掌屈肘向上橫亮掌於頭上方，掌心朝上；左掌變勾手上抬與肩平，勾尖朝下。目視前方（圖 120）。

第七段

54. 游龍戲水

①左腳向前落地，雙腿微屈膝。左勾手變掌下落向左大腿左前側，掌心朝右；右掌下落向右大腿外側，掌心朝左。目視左前方（圖 121）。

圖 121

圖 122　　　　　　　　　　　　圖 123

　　②右腳提起，腳背繃直，向左、向前、向右弧形游擺至右前方落地，右掌掌指朝前隨腳擺穿。目隨右腳（圖122）。

　　③左腳提起，腳背繃直，向右、向前、向左弧形游擺至左前方落地，左掌掌指朝前隨腳擺穿。目隨左腳（圖123）。

圖 124

圖 125

④右腳提起，向左、向前、向右弧形游擺至右前方落地，右掌掌指朝前隨腳擺穿。目隨右腳（圖124）。

⑤左腳提起，腳背繃直向右、向前、向左弧形游擺至左前方落地，左掌掌指朝前隨腳擺穿。目隨左腳（圖125）。

55.黃鶯踢枝

①右腳向前一步落地，右腿屈膝（圖126）。

②左腳向前擺起，右腳蹬地跳起。在空中，右腳腳背繃直向前上方彈踢。目視右腳（圖127）。

56.金剛踹腿（右）

①左腳落地，右腳隨即向左腳後落地，身體左轉，雙腿屈膝成左歇步。雙掌變拳，左拳屈肘向上橫架於頭上方，拳心朝上，右拳向右直擊，拳心朝上。目視右拳（圖128）。

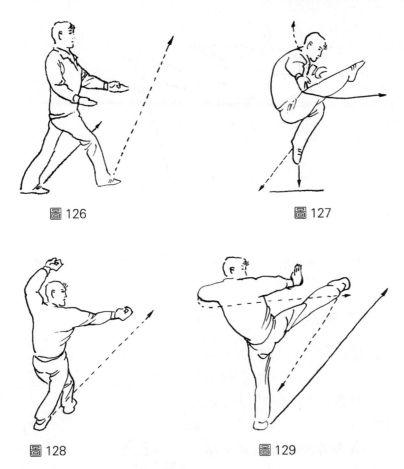

圖126　　　　　　　　　圖127

圖128　　　　　　　　　圖129

　　② 左腿站直，右腳向右踹出，力在腳跟。雙拳變掌，左掌屈肘平放於左胸前，掌心朝下，右掌橫掌向右撐出，掌指朝前。目視右腳（圖129）。

57.金剛踹腿（左）

　　右腳落地，腿即站直，身體左後轉，左腳向左踹出，力

圖 130

在腳跟。右掌屈肘平放於右胸前，左掌橫掌向左撐出，掌心均朝下。目視左腳（圖130）。

58.老僧推門

① 左腳落地（圖131）。

② 身體左轉，右腳向前一步，雙腿右屈左直成右弓步，雙掌上挑向頭前上方（圖132）。

③ 雙掌向身體兩側下落同肩高時，屈肘向下、向裡收兩腋前屈腕立掌向前推出。目視雙掌（圖133）。

59.鐵犁耕地

① 雙腳以前掌為軸碾地，身體左後轉，雙掌隨轉身

圖 131

圖 132　　　　　　　　圖 133

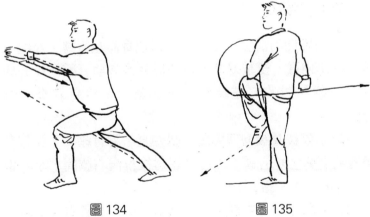

圖 134　　　　　　　　圖 135

向前劈掌，掌指朝前。左腿屈膝，右腿伸直。目視雙掌（圖134）。

　　② 雙掌抓握屈肘向身體右後、右下擄拉，同時右腿屈膝膝尖向前、向上頂撞。目視前方（圖135）。

圖 136   圖 137

60.臥牛蹬踹

①右腳向前落步，雙腳前掌碾地身體左後轉，左腿屈膝，右腿伸直。雙掌變拳，右拳從身後向前直擊，拳心朝下；左拳屈肘收向左腰間，拳心朝上。目視右拳（圖136）。

②右腳從身後向前彈踢，腿伸直，腳背繃平。同時左拳向前直擊，拳心朝下；右拳屈肘後拉向右腰間，拳心朝上。目視左拳（圖137）。

③上動不停，右腳、左拳回復原位，右腳退向身後，左拳收向腰間，右拳向前直擊，拳心朝下。目視右拳（圖138）。

61.燕子抄水

身體右轉，左腿屈膝，右腿伸直。雙拳變掌，右掌屈肘

圖 138　　　　　　　　圖 139

回拉向胸前，左掌上移向胸前，雙掌同時向身體兩側直臂插掌，左掌斜朝上，右掌斜朝下，掌心均朝前。目視右掌（圖139）。

第八段

62. 小鬼抄撩

① 右腳左滑半步，雙腿微屈膝。左掌下落向左大腿前，掌心朝右；右掌臂內旋翻掌左移向右大腿前，掌心朝右。目視右方（圖140）。

② 左腳直腿橫腳向右蹬撩，腳離地，腳掌朝右。

圖 140

圖 141　　　　　　　　圖 142

雙掌隨撩腿直臂向右抄撩，上身右轉後傾。目隨雙掌（圖
141）。

63.野馬翻蹄

① 左腳落地，雙腳前掌碾地身體右後轉，雙腿微屈
膝。伴隨轉身，右掌擺至身體右前方，左掌至身體左後方
（圖142）。

② 右腳直腿向後翻撩，腳背繃直。右掌直臂隨腿向後
甩撩，掌心朝左；左掌直臂向下、向前甩撩，掌心朝右。目
視右腳（圖143）。

64.鐵腳點地

右腳屈膝用腳尖點地。右掌屈肘向前、向上擺立於右耳
前，掌指朝上；左掌下落向左大腿外側，掌心朝右。目視前
方（圖144）。

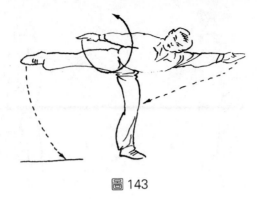

圖 143

圖 144

圖 145

65.轉身抱樁

　　雙腳以前掌為軸碾地，身體右後轉，雙腿微屈膝。右掌變拳，左移臉前，拳心朝裡，左掌屈肘向上抱右手腕。目視右拳（圖145）。

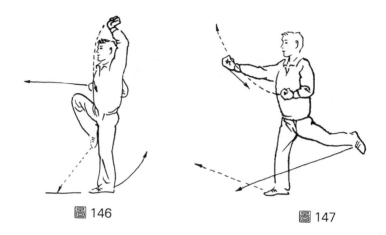

圖 146

圖 147

66.加步沖搓

① 左腿站直，右腿屈膝上提身前，腳尖朝下。左掌變拳，屈肘向上橫於頭上方，拳心朝上；右拳下落於右腰間，拳心朝上（圖146）。

② 右腳向前落地，左腿屈膝向後翻掌，腳離地，腳掌斜朝上。同時，左拳臂外旋向下滾臂

圖 148

翻拳至胸前，拳心朝上；右拳向前沖出，拳心朝上。目視右拳（圖147）。

③ 左腳向前一步落地，右腳同時用腳跟向前搓步，腳離地，腿伸直，腳尖朝上。雙拳回原位，左拳橫於頭上，右拳回腰間。目視前方（圖148）。

圖 149　　　　　　　　圖 150

67.橫擔鐵門

上動不停，右腳向前一步落地，雙腿右屈左直成右弓步，雙拳同時右前左後向身體兩側沖出，臂伸直，拳眼均朝上。目視右拳（圖149）

68.仙人作揖

圖 151

雙腳前掌碾地身體左後轉，雙腿屈膝成左虛步。雙拳變掌，左掌屈肘後移向身前，右掌屈肘向左下落向身前，掌指均朝前上。目視左掌（圖150）。

69.童子獻果

左腳向右腳後退一步，雙腿屈膝。雙掌臂外旋平放於身前，掌心朝上，掌指朝前。目視左掌（圖151）。

圖 152

圖 153

70.老僧撣塵

① 身起右轉，右腳後退一步與左腳併齊，雙腿站直。雙掌屈肘收向兩腋前，掌心朝裡（圖152）。

② 雙掌臂外旋用掌背向身兩側撣擊至同胸高時，直臂向上擺向頭前上方屈肘向下、經臉前按掌腹前，掌心朝下，掌指相對。目隨雙掌（圖153）。

收　式

雙臂伸直，雙掌下落於兩大腿外側。目視前方（圖154）。

圖 154

第五節 迷蹤拳第三路（高級套路）

動 作 名 稱

第一段

預備式

1. 元霸對錘
2. 迎封撩海
3. 仙鶴亮翅
4. 磨石盤花
5. 轉身沖炮
6. 閻王撑身
7. 烈馬揚蹄（左）
8. 烈馬揚蹄（右）
9. 二推馬山
10. 進步撩衣
11. 夜叉探海

第二段

12. 倒蹬金冠
13. 判官撲蝶
14. 太公釣魚
15. 青龍擺尾（右）
16. 青龍擺尾（左）
17. 黑熊撲心

18. 回頭望月
19. 金剛栽錘
20. 蛟龍伏地
21. 鯨魚出水

第三段

22. 鐵手撩陰
23. 猛虎翻身
24. 靈猿倒撺
25. 鍾馗蹋鬼
26. 黃鷹落架
27. 老鷹飛腳
28. 金雞托架
29. 霸王摘盔
30. 轉身打虎

第四段

31. 霸王扶犁（左）
32. 霸王扶犁（右）
33. 金剛掃蹚（左）
34. 金剛掃蹚（右）
35. 摟頭蓋頂

36. 毒蛇出洞
37. 羅漢拗別
38. 金蛇纏身

第五段

39. 犀牛望月（左）
40. 犀牛望月（右）
41. 野雞捕食
42. 騰空側踹
43. 童拜觀音
44. 魚郎問津
45. 迎封穿袖
46. 大鵬展翅
47. 攜手領送
48. 雙龍奔月
49. 回馬殺槍
50. 驚馬回首
51. 擎天玉柱

第六段

52. 旋風飛腳
53. 鳳凰伏地
54. 鷂子鑽天
55. 巧童點肋（左）
56. 巧童點肋（右）
57. 飛鷹啄目
58. 浪子行步
59. 風擺荷葉

60. 玉女獻桃

第七段

61. 刁猴反撩
62. 拙童斜踢
63. 旋風飛腳
64. 騰空擺蓮
65. 飛虎攔路
66. 上步進肘
67. 霸王三錘
68. 道翁揉球

第八段

69. 暗渡陳倉（右）
70. 暗渡陳倉（左）
71. 推倒金山
72. 併步砸錘
73. 燕式平衡
74. 雙錘貫耳
75. 倒觀日月
76. 蒼龍翻身
77. 海底撈月
78. 投石問路
79. 拳打南山
80. 走馬活挾
81. 黃龍轉身
82. 萬法歸終

收　式

動 作 圖 解

第一段

預備式

雙腳直腿併步站立，兩手成掌下貼於兩大腿外側。目視前方（圖1）。

1.元霸對錘

① 左腳前邁半步落地，上身微右轉、前傾（圖2）。

② 上動不停，右腳跟步靠攏左腳，雙腳併齊。雙掌變拳，臂內旋屈肘上提腹前，兩拳面相對，拳心均朝下。在上步對拳的同時，頭向左擺，目視左方（圖3）。

2.迎封撩海

① 頭右擺正。雙拳變掌，雙掌由身前向上挑掌至頭前

圖1　　　　　　圖2　　　　　　圖3

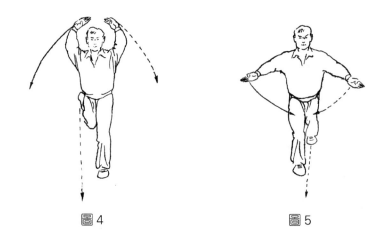

圖4　　　　　　　　　　　　圖5

上方，掌心朝前。同時右腿屈膝向後翻撅掌，腳離地，腳掌朝上。目視前方（圖4）。

　　②右腳向前一步落地，雙掌直臂向身體兩側弧形下落同腰高，掌心朝前（圖5）。

　　③上動不停，左腳隨即向前一步落地，雙腿屈膝成左虛步。隨左腳前邁，雙掌臂外旋向裡（左掌右、右掌左）、向前、向上撩擊，臂伸直，掌心朝上，掌指斜朝前下。目視雙掌（圖6）。

3.仙鶴亮翅

　　①右腳前邁一步落地，腳尖左擺，身體隨即左轉，左掌向左、向上擺至身體左前上方，右掌下落至身體右下方（圖7）。

　　②右腿站直，左腿屈膝上提向身前，腳尖朝下。與左腿上提同時，左掌直臂向右、向下、向左弧形繞擺向身體左側成勾手，勾尖朝下；右掌屈肘向左、向上在左臂裡穿掌後

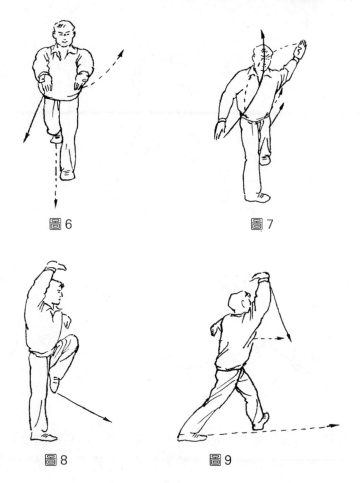

圖6 圖7

圖8 圖9

經臉前上擺至頭上方橫亮掌，掌心朝上。目視前方（圖8）。

4.磨石盤花

① 左腳向前落步，腳尖左擺（圖9）。

② 右腳向前一步落地，腳尖左擺，身體左轉，雙腿微

圖 10

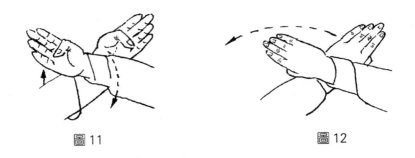

圖 11   圖 12

屈膝。左勾手變掌，屈肘向右平放胸前，右掌從頭上經臉前下落與左掌搭腕交叉，右掌在上，掌心朝下，左掌指斜朝右前，右掌指斜朝左前。目視雙掌（圖10）。

③雙掌臂外旋向後、向上翻轉，變掌心朝上。目隨雙掌（圖11）。

④雙掌肩內旋向後、向下磨腕翻掌，變掌心朝下。目隨雙掌（圖12）。

⑤左掌平掌向左猛力削擊，臂伸直，掌心朝下，身體隨即左轉，左腿屈膝，右腿蹬直，右掌平放左胸前，掌心朝

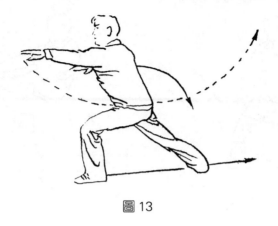

圖13

圖14

下。目隨左掌（圖13）。

5.轉身沖炮

　　雙腳以前掌為軸碾地，身體右後轉，左腳向前一步，左腿屈膝，右腿伸直。雙掌變拳，左拳隨左腳前邁由身後向下、向前、向上弧形霍拳沖打，肘半屈，拳心朝裡；右拳向右、向後下落向身後方，拳心朝下。目視左拳（圖14）。

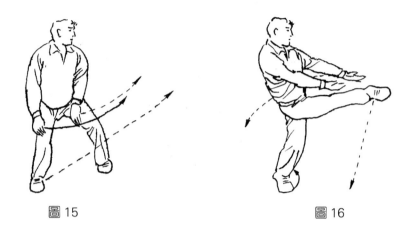

圖 15　　　　　　　　　　圖 16

6.閻王撩身

① 身體右轉。雙拳變掌，左掌臂內旋翻掌下落向左腿前，右掌臂外旋左移右腿前，掌心均朝左。雙腿微屈膝，上身微右傾。目視左方（圖15）。

圖 17

② 右腿直腿橫腳向左撩踹，腳離地，腳掌朝左。上身左轉後傾，雙掌隨腿向前撩掌，掌心朝上。目隨雙掌（圖16）。

7.烈馬揚蹄（左）

① 右腳落地，身體左後轉，雙腿微屈膝。隨轉身，左掌擺至身體左前方，右掌落向身體右後方（圖17）。

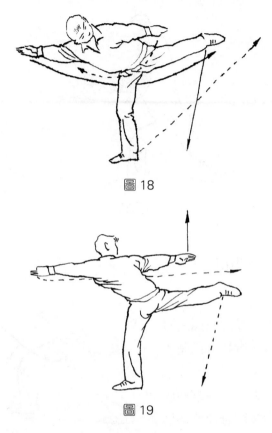

圖18

圖19

② 上動不停，左腳直腿向後撩踢，上身前伏，左掌直臂向下、向後弧形隨腿甩撩，掌心朝右，右掌直臂向下、向前弧形甩撩，掌心朝左。目視左腳（圖18）。

8.烈馬揚蹄（右）

左腳落地，右腳直腿向後撩踢，腳背繃平。右掌直臂向下、向後、向上弧形撩擊，掌心朝左；左掌直臂向下、向前、向上弧形撩擊，掌心朝右。目視右腳（圖19）。

圖 20

9.二推馬山

① 右腳落地，身體
向右後轉，雙腿右屈左直
成右弓步。與轉身同時，
右掌屈肘向上橫架於頭上
方，掌心朝上；左掌屈腕
立掌從身後經身左側向前
推出，掌指朝上。目視左
掌（圖20）。

圖 21

② 左腳向前一步，腿即屈膝，右腿蹬直。左掌變勾
手，直臂向左擺至身體左側，勾尖朝下；右掌從頭上下落向
胸前後屈腕立掌向前推出。目視右掌（圖21）。

10.進步撩衣

① 右腳墊步向左腳處落地，左腳同時向前一步落地，

圖 22

圖 23

雙腿屈膝，上身微右轉。在雙腳前邁步的同時，左勾手變掌
屈肘向右經身前落於左大腿右側，掌心朝右；右掌向後下落
於右大腿右側，掌心朝左。目視前方（圖22）。

　　②上動不停，雙掌一起直臂向前、向上撩擊，雙掌心
相對，掌指斜朝前下。右腳同時向前上步，右腿屈膝，左腿
伸直。目隨雙掌（圖23）。

③雙掌同時向上、向左、向下擺落向身體左側，雙掌心相對，掌指朝下。上身微左轉前傾。目隨雙掌（圖24）。

④上動不停，雙掌同時直臂向前、向上撩擊，掌心相對，掌指斜朝前下。目視雙掌（圖25）。

圖24

11.夜叉探海

雙腳同時向前跳步落地，右腿微屈膝，左腳腿屈膝上抬向身後，腳掌朝上。雙掌變勾手，右勾手用勾頂向前撞擊，臂伸直，勾頂朝前；左勾手從身前經身左側向身後勾掛，勾尖朝上。目視前勾手（圖26）。

圖25

圖26

第二段

12.倒蹬金冠

①左腳落地，身體左後轉，右腳前邁一步，雙腿微屈膝。隨轉身，雙勾手變掌，左掌向前下落於左大腿外側，右掌向後落於右大腿右前側。目視前方（圖27）。

②右腿站直，上身向前下伏，左腳向後猛力蹬踹，腿伸直，腳離地，腳尖朝下，力在腳跟。與此同時，右掌用掌指直臂向前戳擊，掌心朝

圖27

圖 28

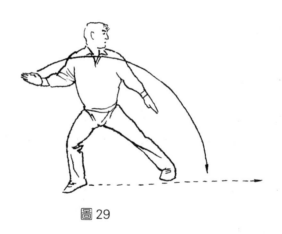

圖 29

左，左掌用掌指直臂向後戳擊，掌心朝右。目視右腳（圖28）。

13.判官撲蝶

①左腳落地，身體左轉。目視左方（圖29）。

②上動不停，身體繼續左後轉，右腳向右一步落地，

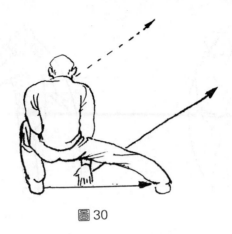

圖 30

　　左腿屈膝全蹲，右腿平鋪伸直成右仆步。右掌隨轉身由身後向上、向前、向下弧形撲地，左掌至左腰間。上身前伏。目視右掌（圖 30）。

14. 太公釣魚

　　身起，左腳向右腳靠攏，雙腿屈膝，左腳尖著地成左丁步。在雙腿動作的同時，雙掌變拳，左拳屈肘向上橫架於頭上方，拳心朝下，右拳向右直擊，拳心朝下。目視右拳（圖 31）。

15. 青龍擺尾（右）

　　左腳向左一步落地，身體左轉，右腳直腿向上、向臉前裡合擺腿。雙拳變掌自

圖 31

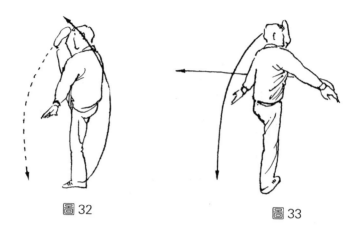

圖 32　　　　　　　　圖 33

然下落於身體兩側。目視右腳（圖 32）。

16. 青龍擺尾（左）

右腳落地，腳尖左擺，身體左後轉，左腳直腿向上、向頭左前方外擺腿。目視左腳（圖 33）。

17. 黑熊撲心

身體左後轉，左腳向前落地，左掌向前抄抓後屈肘收於左腰間，掌心朝上，右掌屈腕立掌從身後向前撲推。雙腿左屈右直成左弓步。目視右掌（圖 34）。

18. 回頭望月

左腿站直，右腳屈膝上提向身前，腳尖朝下。雙掌變拳，右拳直臂反背從身前向上、向後、向下弧形砸擊，拳心朝上，左拳平放右腋前，拳心朝下。上身右轉後傾。目視後上方（圖 35）。

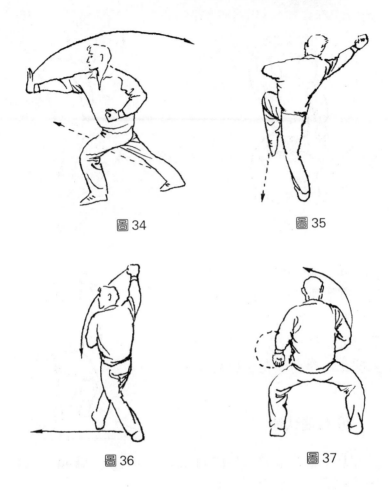

圖34　　　　　　　圖35

圖36　　　　　　　圖37

19. 金剛栽錘

① 右腳落地，頭左轉前視（圖36）。

② 左腳向前一步落地，身體右轉，雙腿屈膝成馬步。右拳屈肘向左、向下擺落向左胸前，拳心朝下；左拳下落於身體左下方，拳心朝後（圖37）。

圖 38

圖 39

③上動不停，右拳向下、
向右擺至身右前時屈肘向上橫架
於頭上方，拳心朝上；左拳臂外
旋屈肘向上、向右、向下落於左
大腿上，拳心朝左。目視左方
（圖38）。

20.蛟龍伏地

圖 40

①右腳橫腳從左腳前向左
踹撩，腳離地，腿屈膝，腳掌朝
左下。同時右拳用拳輪和前臂尺骨向下、向左弧形滾攪。目
隨右拳（圖39）。

②上動不停，左腳蹬地跳起。在空中，雙腳向左縱
跳，雙拳隨跳身上擺於頭左前上方。目隨雙拳（圖40）。

③上動不停，右腳落地，左腳隨即向左落地，雙拳向
右、向下落向身前方。目隨雙拳（圖41）。

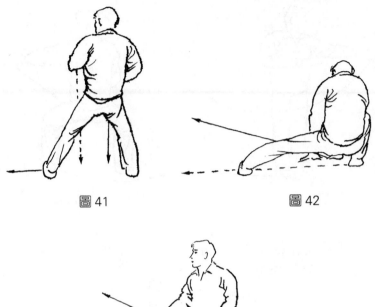

圖 41　　　　　　　圖 42

圖 43

④ 上動不停，右腿屈膝全蹲，左腳向左滑步腿平鋪伸直成左仆步。上身前伏，雙掌拍地。目隨雙掌（圖42）。

21. 鯨魚出水

① 身起並左轉，右腳向前一步落地，雙掌隨轉身至身前（圖43）。

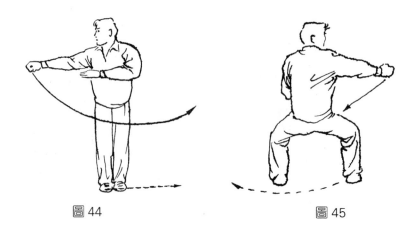

圖 44　　　　　　　　　　　　　　圖 45

②身體繼續左轉，左腳向
右腳靠攏併齊，雙腿站直。同時
右掌變拳，向右直臂撞擊，拳心
朝下，左掌屈肘護右腋間。目視
右拳（圖 44）。

第三段

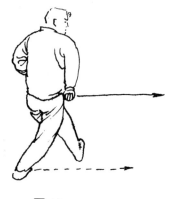

圖 46

22.鐵手撩陰

①左腳向左上一步落地，
身體左後轉，右腳隨即向右一步，雙腿屈膝成馬步。隨轉身
上步，右拳直臂，拳眼向下、向前、向上弧形撩擊，拳眼朝
上；左掌變拳收於左腰間，拳眼朝上。目視右拳（圖
45）。

②右腳從左腳後側向後退一步，身體右轉，雙腿屈
膝。右拳隨之後收腹前。目視前方（圖 46）。

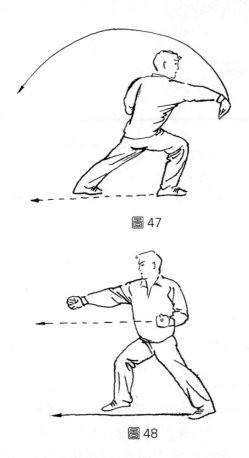

圖 47

圖 48

③ 右腳向前一步落地，腿即屈膝，左腿蹬直。右拳變
勾手，用勾頂向前猛力撩擊。目隨右勾手（圖47）。

23.猛虎翻身

① 左腳以腳掌為軸碾地，身體向右後翻轉，右腳向前
一步，右勾手變拳隨右腳邁步向前劈砸，拳眼朝上。右腿屈
膝，左腿伸直。目視右拳（圖48）。

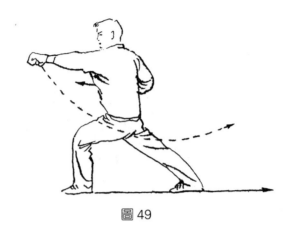

圖 49

② 上動不停，左腳隨即向前一步落地，雙腿左屈右直成左弓步。左拳隨左腿向前直擊，拳心朝下；右拳後拉至右腰間，拳心朝上。目視左拳（圖 49）。

24. 靈猴倒攢

① 左腳用前掌直腿向後攢步，腳跟抬起，右腿屈膝。與左腳後攢步同時，左拳直臂向下、向後撩擊，拳心朝上；右拳向前直擊，拳心朝下。目視右拳（圖 50）。

② 上動不停，右腳用前掌直腿向後攢步，腳跟抬起，左腿屈膝。同時右拳直臂向下、向後隨腿撩擊，拳心朝上；左拳向前直擊，拳心朝下。目視左拳（圖 51）。

25. 鍾馗蹐鬼

① 雙腳前掌碾地身體右後轉，雙腿微屈膝。伴隨轉身，雙掌成反掌，左掌臂內旋向右下落於左大腿前，掌心斜朝左後方，右掌後移於右大腿前，掌心斜朝右前方。目視前

圖 50　　　　　　　　　圖 51

圖 52　　　　　　　　　圖 53

方（圖52）。

　　②上動不停，左腳直腿橫腳向前踹撩，腳離地，腳掌朝前。在左腳前踹的同時，右掌向右前方反撩掌，左掌向左後方反撩掌。目視左腳（圖53）。

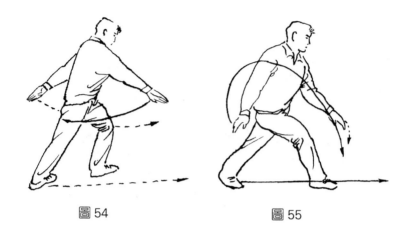

圖 54　　　　　　　圖 55

26.黃鶯落架

①左腳落地（圖54）。

②右腳向前墊一步落地，雙腿微屈膝，上身微右轉前傾，右掌向下、向後擺至身右後方，左掌向前經身左側擺至身體左前方。目視前方（圖55）。

③上動不停，在右腳向前墊步落地的同時，左腳向前一步，右腿屈膝，左腿伸直。與此同時，左掌向左、向下抓落，右掌從身後向上、向前、向下弧形抓落，掌心均朝下，十指微叉開。上身向前下伏。目視雙掌（圖56）。

27.老鷹飛腳

①身起，右腳向前一步落地（圖57）。

②上動不停，右腳蹬地向前擺起，雙掌屈肘上抬至臉前方（圖58）。

③上動不停，右腳蹬地跳起。在空中，右腳腳背繃直

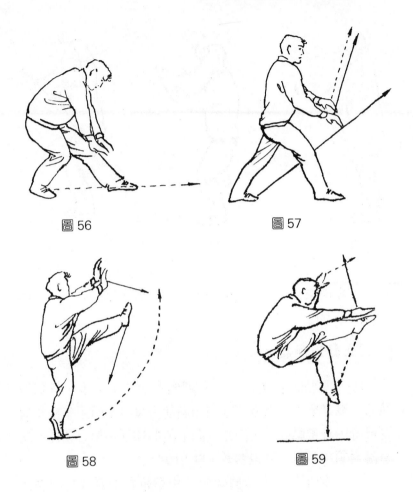

圖 56

圖 57

圖 58

圖 59

向前上方踢起，上身前傾，右掌向前拍擊右腳背，左掌伸於左側。目視右腳（圖59）。

28.金雞托架

左腳落地，腿即站直，右腳屈膝下落於身前，腳尖朝下。右掌屈肘後移臉前，左掌屈肘右移在右掌後與右掌搭腕

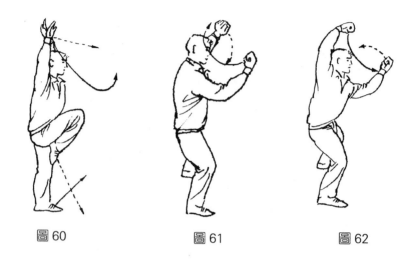

圖 60　　　　　　圖 61　　　　　　圖 62

交叉，掌指朝上，隨即向上架舉於頭上方，掌心朝前。目視前方（圖60）。

29.霸王摘盔

①右腳向右前方落步，左腳向左前方上一步，雙腿微屈膝。雙掌變拳，右拳下落向頭右前方後肘半屈用拳輪和前臂尺骨由身帶動向下、向左、向上弧形揉刮，拳心朝裡，左拳落至頭左前方。目視右拳（圖61）。

②上動不停，左臂肘半屈，用拳輪和前臂尺骨由身帶動向下、向右、向上弧形揉刮，拳心朝裡，右拳擺回頭右前方。目視左拳（圖62）。

③上動不停，右臂肘半屈，用拳輪和前臂尺骨由身帶動向下、向左、向上弧形揉刮，拳心朝裡，左拳擺回頭左前方。目視右拳（圖63）。

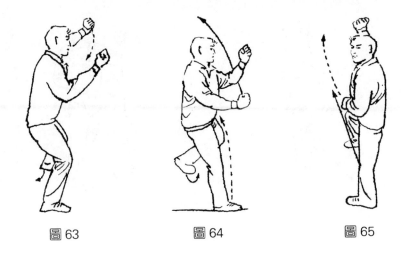

圖 63　　　　　　圖 64　　　　　　圖 65

30.轉身打虎

① 左腳從右腳後向右蹦撩，腳離地，腿屈膝，腳掌朝右，左拳屈肘向下、向右擺至身體前方。目視左拳（圖64）。

② 左腳向左落步，腳尖左擺，身體左後轉，右腳隨即向右上一步，右腿屈膝，左腿伸直。隨轉身上步，左臂內旋屈肘下落向腹前，拳心朝下；右拳屈肘向上橫於頭前上方，拳心朝上。目視前方（圖65）。

第四段

31.霸王扶犁（左）

左拳臂外旋屈肘向上、向右揉挎於胸前，拳心朝裡。同時左腿屈膝用膝尖上頂向身前，右腿站直。目視左拳（圖

圖 66　　　　　　　　　　　　圖 67

66）。

32.霸王扶犁（右）

左腳向前落步，腿即站直，左拳屈肘下落向左腰間，拳心朝下。右腿屈膝用膝尖上頂向身前，右拳屈肘向下、向右、向上弧形揉挎於身前。目視右拳（圖67）。

33.金剛掃鐋（左）

① 身體左轉，右腳向右落地，右腿屈膝全蹲，左腿平鋪伸直成左仆步。雙拳變掌，同時向左腿前伏地。目視雙掌（圖68）。

② 右腳以前腳掌為軸碾地，左腳全腳掌接近地面向後掃180°。目視前方（圖69）。

34.金剛掃鐋（右）

① 身體左傾，左腿屈膝全蹲，右腿伸直。左掌由身前

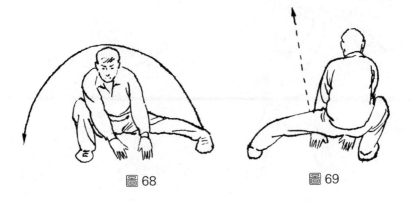

圖 68　　　　　　　　圖 69

圖 70　　　　　　　　圖 71

屈肘向上橫於頭上方，掌心朝上；右掌變勾手由身前經身右側勾掛至身後，勾尖朝上（圖70）。

　　②左腳以前掌為軸碾地，右腳全腳掌接近地面向前掃360°。目視前方（圖71）。

圖 72

圖 73

35.摟頭蓋頂

① 起，雙腿微 膝，上 微左轉（圖72）。

② 上動不停， 體左轉，左掌直臂向前、向下、向後摟擄後 肘收於左腰間，掌心朝上；右勾手變掌，直臂由 後向上、向前、向下弧形蓋 ，掌心朝下。左腿 膝，右腿伸直。目視右掌（圖73）。

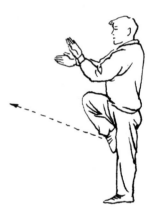

圖 74

36.毒蛇出洞

① 左腿站直，右腿 膝上 於 前。右掌 外旋 肘後拉向胸前，左掌上移 肘與右掌搭腕交叉，右掌在下，掌心朝上。目視前方（圖74）。

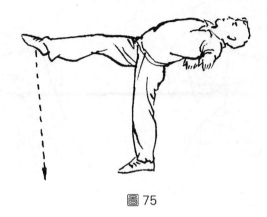

圖 75

圖 76

②右腳用腳尖向前上方直腿點擊，腳背繃直，上身後仰，雙掌向身兩側直臂平舉，掌心朝下（圖75）。

37.羅漢拗別

①右腳落地，腳尖左擺，上身微左轉（圖76）。
②身體左轉，左腳從右腳後向右插步，雙腿屈膝。目

圖 77

圖 78

視右前下方（圖 77）。

③上動不停，右腳全腳掌接近地面，直腿向右後方弧形蹚腳，左腿屈膝。同時，右掌變拳用拳眼直臂向右前方貫打，上身隨即左轉，左掌屈肘收抱於左腰間，掌心朝上。目視右拳（圖 78）。

圖 79

38.金蛇纏身

①身體右轉，右拳變掌，雙掌隨轉身向右擺至身體右前方，肘半屈。目隨右掌（圖 79）。

②上動不停，身體繼續右轉，左腳向左前方上一步落地，腳尖右擺，雙腿微屈膝。雙掌隨身轉動，當左腳落地

圖80　　　　　　　圖81

後，在身前向右轉一圈。目隨雙
掌（圖80）。

③上動不停，雙腳以前掌
為軸碾地，身體繼續向右旋轉
360°，右腳向前一步，雙腿微屈
膝。雙掌隨身轉動至頭前上方右
前、左後成蛇形手。目視右手
（圖81）。

第五段

圖82

39.犀牛望月（左）

身體左轉，右腳從左腳後向左插步，雙腿屈膝。與插步
同時，雙手成掌，雙掌屈腕立掌由身右前方經身前向左推
掌，左掌立左前上方，右掌立左胸前，掌指均朝上。上身向
左擰轉。目視左上方（圖82）。

圖 83　　　　　　圖 84

40.犀牛望月（右）

① 右腳向右邁一步落地，身體微右轉，雙掌向下、向右、向上、向左畫圓立胸前。目隨雙掌（圖83）。

② 左腳從右腳後向右插步，雙腿屈膝。同時雙掌向右推掌，右掌立右前上方，左掌立右胸前，掌指均朝上。上身向右擰轉。目視右上方（圖84）。

圖 85

41.野雞捕食

① 雙腳以前腳掌為軸碾地，身體左後翻轉，雙掌隨身轉動至身前（圖85）。

② 右腳向右半步，雙腿屈膝半蹲。雙掌變爪向身前下撲，爪心朝下，上身微前傾，下伏。目視雙爪（圖86）。

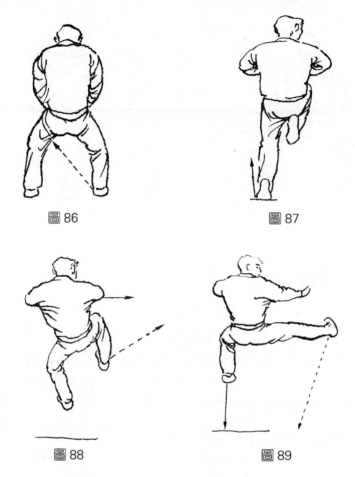

圖 86　　　　　　　　圖 87

圖 88　　　　　　　　圖 89

42.騰空側踹

① 左腳蹬地，右腿屈膝上提（圖87）。

② 身體離地騰空，左腿屈膝上提（圖88）。

③ 在空中，右腿挺膝向右踹出，上身左傾。雙爪變掌，左掌屈肘平放左胸前，右掌橫掌向右撐出，雙掌心均朝下。目視右腳（圖89）。

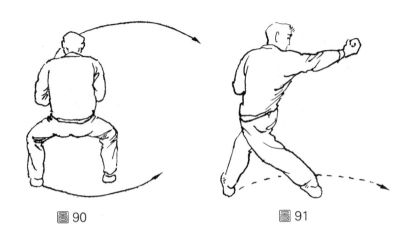

圖90　　　　　　　圖91

43. 童拜觀音

　　左、右腳先後落地，雙腿屈膝成馬步。雙掌變拳，右拳臂外旋屈肘向下、向左捯至胸前，左拳臂外旋貼於右前臂左側，拳心均朝裡。目視右拳（圖90）。

44. 魚郎問津

圖92

　　左腳從右腳後向右上一步，雙腿屈膝。右拳反背向右扣拳，臂伸直，拳心朝上；左拳平放於右胸前，拳心朝下。上身向右傾探，目視右拳（圖91）。

45. 迎封穿袖

　　①頭左擺正。身體左轉，右腳後退一步，腿蹬直，左

圖93

圖94

腿屈膝（圖92）。

②上動不停，雙拳變掌，左掌屈肘向上橫架於頭上方，掌心朝上；右掌由身後向前平掌穿插，掌心朝上。目視右掌（圖93）。

46.大鵬展翅

①雙腳以前腳掌為軸碾地，身體右後轉，雙

圖95

腿微屈膝。隨轉身，右掌擺至身體右前方，左掌落至身體左後方（圖94）。

②上動不停，上身向右快速擰轉。隨擰身，左掌由身後經身左向前、右掌由身前經身右向後，雙掌同時橫掌猛力撐擊，掌心朝下。目視左掌（圖95）。

圖 96　　　　　　　　圖 97

47.擄手領送

①左腳向前一步落地，右腳隨之向前滑半步，雙腿微屈膝。左掌臂外旋使掌心朝上，右掌從身後擺身前，掌心朝上，雙掌同時向前抄接，上身前傾。目視左掌（圖96）。

②上動不停，右腳後退一步，左腳隨之向後滑步，雙腿微屈膝。雙掌臂內旋使掌心朝下同時向後擄領。目視雙掌（圖97）。

③上動不停，左腳向前一步落地，右腳向前滑半步，雙腿微屈膝。與雙腳前邁步同時，雙掌向前猛力推送，上身前傾。目視左掌（圖98）。

48.雙龍奔月

①右腳向前一步落地，雙掌變拳向前砸出，拳眼朝上。身體隨即左轉，右腿屈膝，左腿伸直。目視右拳（圖99）。

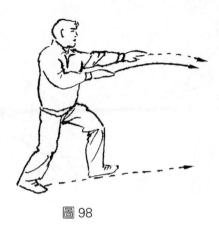

圖98

圖99　　　　　　　　　　圖100

　　② 上動不停，左腳從右腳後向右插步，雙腿屈膝。雙拳向左、向上、向右畫圓劈砸，右前左後，拳眼均朝上。上身向右擰轉。目視右拳（圖100）。

49.回馬殺槍

　　① 雙腳前掌碾地身體左後轉，雙腿微屈膝。隨轉身，

圖101　　　　　　　　　圖102

左拳擺至身體左前方，右
拳擺至身體右後方。目視
前方（圖101）。

　②上動不停，右腳
向前一步落地，身體左
轉，右腿屈膝，左腿蹬直
成右弓步。右拳隨右腳上
步向前直擊，拳心朝下；
左拳屈肘收於左腰間，拳
心朝上。目視右拳（圖
102）。

圖103

50.驚馬回首

　①以雙腳前掌為軸碾地，身體左後轉，左腿屈膝，右
腿伸直。目視前方（圖103）。

　②上動不停，右拳直臂從身後向前、向頭左前上方猛

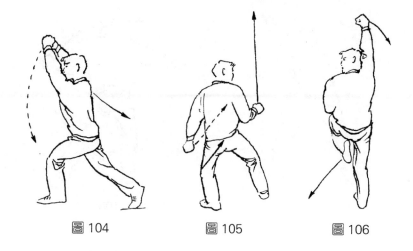

圖 104　　　　　圖 105　　　　　圖 106

力甩擊，左拳變掌，向左、向上、向右在頭左前上方用掌心
迎擊右拳眼。右腿膝微屈，右腳跟抬起（圖104）。

51.擎天玉柱

①上身後傾，身體右轉。右拳向下、向後擺落至右腰
前側，屈肘，左掌變拳下落於身體左側。目視右前方（圖
105）。

②上動不停，右腿站直，左腿屈膝上擺於身前，腳尖
朝下。與此同時，右拳向頭上方直舉，拳心朝左，左拳屈肘
收抱向左腰間，拳心朝上。目視左方（圖106）。

第六段

52.旋風飛腳

①左腳向左落步，上身前傾右轉，左拳直臂伸於身

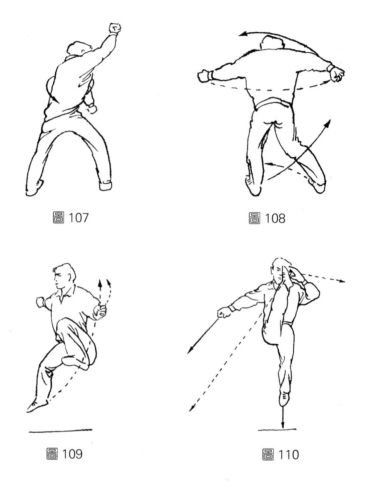

圖 107

圖 108

圖 109

圖 110

前，右拳後移向頭右後上方（圖107）。

②上動不停，右拳向下、向左繞行，左拳向左、向後繞行，上身向左翻轉（圖108）。

③上動不停，右腳蹬地跳起，左腳向後擺起，上身繼續向後、向上翻轉，身體騰空（圖109）。

④在空中，上身繼續向左旋轉，同時右腳從右向上、

圖111

圖112

向額前裡合橫擺，左拳變掌在額前迎擊右腳掌（圖110）。

53.鳳凰伏地

①左、右腳先後落地，左腿屈膝，右腿伸直。右拳變掌，雙掌屈肘收向胸前後向身兩側直臂伸插，左掌斜朝上，右掌斜朝下，掌心均朝前。目視右掌（圖111）。

②右掌直臂向下、經身前向左、向上弧形掄掌至頭左前方。目隨右掌（圖112）。

③上動不停，右掌直臂向上、向右、向下弧形掄掌至身右方，掌心朝前。目隨右掌（圖113）。

④上動不停，左掌直臂向上、向右弧形掄掌至身體前方，掌心朝右；右掌直臂向

圖113

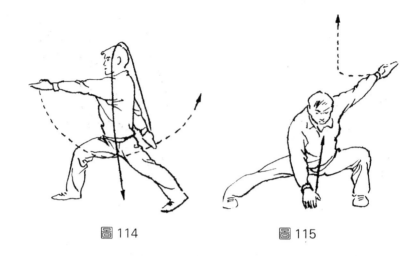

圖114　　　　　　　圖115

下、向右掄掌至身後方。隨雙掌掄臂身體右轉，右腿屈膝，左腿伸直。目隨左掌（圖114）。

⑤上動不停，左掌直臂向下、向左、向上掄掌至頭左上方，掌心朝前；右掌直臂向上、向前、向下於身前拍地。在雙掌掄臂的同時，身體左轉，左腿屈膝全蹲，右腿平鋪伸直成右仆步，上身前伏。目視右掌（圖115）。

54.鷂子鑽天

上身仰起。左掌向頭上方直舉，掌心朝右；右掌屈肘上擺於左腋前屈腕成立掌，掌心朝左，掌指朝上。目視左掌（圖116）。

55.巧童點肋（左）

①頭下擺正。左掌屈肘下落於左腰前，掌指朝前。目視前方（圖117）。

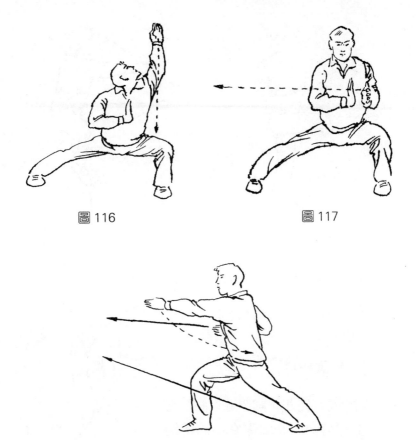

圖116　　　　　　圖117

圖118

②上動不停，身體右轉，重心前移，右腿屈膝，左腿伸直。同時，左掌用掌指直臂向前戳擊，掌心朝右；右掌右移腰間，掌指朝前。目視左掌（圖118）。

56.巧童點肋（右）

右掌用掌指直臂向前戳擊，掌心朝左；左掌屈肘後拉向

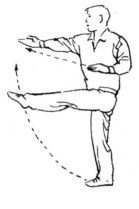

圖119

圖120

左腰間，掌指朝前。左腳與右掌前戳同時向前彈踢，腳背繃直。目視右掌（圖119）。

57.飛鷹啄目

右腳蹬地跳起，腳背繃直向前擺踢。上身前傾，左掌用掌指向前點戳，右掌收抱於右腰間，掌指朝前。目視左掌（圖120）。

58.浪子行步

圖121

① 左腳落地，右腳隨即向前落地，上身前傾，雙腿微屈膝，左腳跟抬起欲起腳。右掌下落向身體右下方，左掌向上擺至頭左上方。目視前方（圖121）。

② 上動不停，左腿屈膝左腳向後翻撅，腳離地，小腿

圖122

圖123

向後，腳掌朝上。在左腳後翻的同時，左掌向右、向下、向後弧形下落向身體左下方，右掌屈肘向左、向上在左臂裡穿掌後向右至頭右上方。目隨右掌（圖122）。

③ 上動不停，左腳向前一步落地，上身前傾，雙腿微屈膝，右腳跟抬起欲起腳。右掌繼續向右、向下落向身右下方，左掌向左、向上擺向頭左上方（圖123）。

圖124

④ 上動不停，右腿屈膝右腳向後翻撅，腳離地，小腿向後，腳掌朝上。與此同時，雙掌左外右裡、左下右上屈肘胸前相穿後，右掌向右擺至頭右上方，左掌向下落向身體左下方。目隨右掌（圖124）。

圖 125

圖 126

⑤右腳向前一步落地，上身前傾，雙腿微屈膝，左腳跟抬起欲起腳。右掌向右、向下落向身體右下方，左掌向左、向上擺至頭左上方（圖 125）。

⑥上動不停，左腿屈膝左腳向後翻撅，腳離地，小腿向後，腳掌朝上。雙掌左外右裡、左下右上屈肘胸前相穿後，右掌向右擺至頭右上方，左掌下落向身體左下方。目視右掌（圖 126）。

59.風擺荷葉

① 左腳向前一步落地，腳尖右擺（圖 127）。

② 雙腳以前掌為軸碾地，身體向右後轉（圖 128）。

③ 身體重心後移至左腿，上身右轉，右腳腳背繃直，直腿向上、向臉前外擺腿，右掌屈肘

圖 127

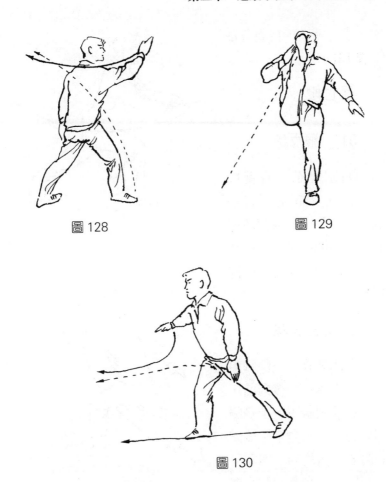

圖 128

圖 129

圖 130

在臉前迎擊右腳背（圖129）。

60.玉女獻桃

① 右腳向右落地，身體右轉（圖130）。

② 左腳向前一步落地，雙腿左屈右直成左弓步。右掌下落向身前，左掌右擺向身前，雙掌同時直臂向前、向上撩

擊，掌心朝上。目視雙掌
（圖131）。

第七段

61.刁猴反撩

右掌變拳，直臂向
下、向後、向上反背撩
擊，拳心朝下。身體隨即
右轉，右腿屈膝，左腿伸
直。目視右拳（圖
132）。

圖131

62.拙童斜踢

右腿站直，左腿腳尖
勾起，直腿從身後向前、
向頭右前側斜踢，上身隨
即右轉。右拳變掌，雙掌
屈肘收向兩肩前，與左腳
上踢同時向身體兩側直臂
推掌。目視前方（圖133）。

圖132

63.旋風飛腳

①左腳向前落地，身體右轉，左掌向上伸舉向頭左上
方，右掌下落向身體前下方，上身前伏左轉（圖134）。

②上動不停，右掌向後、向上繞行，左掌向右、向下

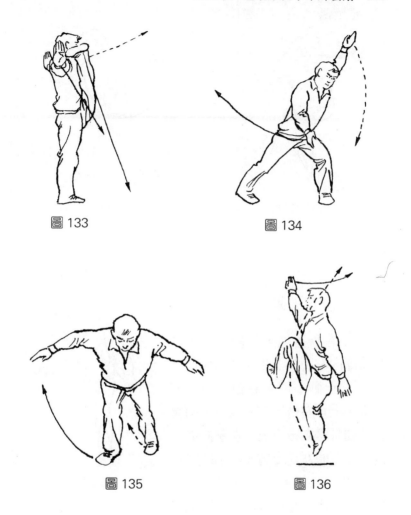

圖 133

圖 134

圖 135

圖 136

繞行，上身向右翻轉（圖135）。

③上動不停，左腳蹬地跳起，右腳向後擺起，身體騰空，上身繼續向後、向上翻轉（圖136）。

④在空中，上身繼續向右旋轉。同時，左腳向上、向額前裡合橫擺，右掌在額前迎擊左腳掌，左掌伸於左側（圖

圖 137

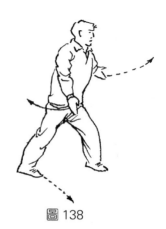

圖 138

137）。

64.騰空擺蓮

① 右腳落地，身體右轉，左腳隨即向右前方上步（圖138）。

② 上動不停，右腳向右前方上步，上身右轉，右掌向下、向後擺落向身體右後下方，左掌向前、向上擺至頭左前上方（圖139）。

③ 上動不停，左腳向右前方擺起，右掌從身後向前、向頭上方

圖 139

屈肘弧形甩起，左掌屈肘在頭前上方迎擊右手背。右腳同時蹬地跳起，身體騰空（圖140）。

④ 上動不停，在空中，右腿屈膝提起，上身向右轉，兩掌分開一起屈肘移向頭右前方，掌心朝前（圖141）。

⑤ 上身繼續向右翻轉，右腳向上、經臉前向右直腿弧

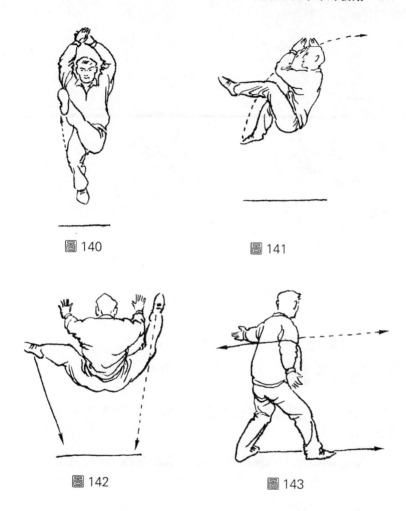

圖 140

圖 141

圖 142

圖 143

形外擺，腳背繃平。兩掌在額前左先右後擊拍右腳背。目視右腳（圖142）。

65.飛虎攔路

① 左腳落地，右腳隨即向右落地（圖143）。

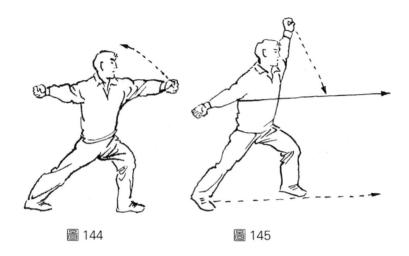

圖 144　　　　　　　圖 145

②身體右轉，左腳向前一步落地，左腿屈膝，右腿伸直。雙掌變拳，屈肘收向兩肩前後，左前右後同時向身兩側直擊，拳眼朝上。目視左拳（圖 144）。

66.上步進肘

①左拳屈肘向上橫架於頭前上方，拳心朝前（圖 145）。

②上動不停，右腳向前一步，上身左轉，右腿屈膝，左腿伸直。在右腳上前的同時，右拳屈肘用肘尖向前頂擊，左拳變掌下落向身前抱右拳上。目視右肘（圖 146）。

67.霸王三錘

①上身左後傾，右肘橫肘向下、向左揉磕。目隨右肘（圖 147）。

②雙腳同時蹬地跳起，在空中身體右後轉（圖 148）。

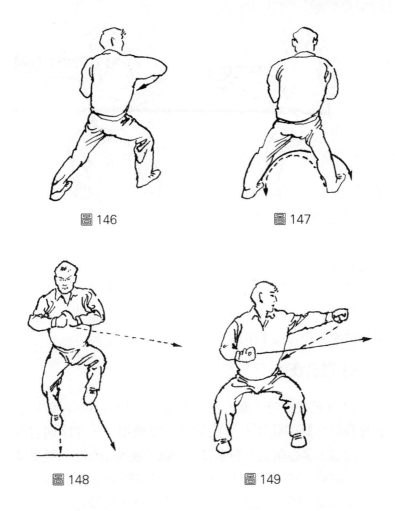

圖 146　　　　　　　　　圖 147

圖 148　　　　　　　　　圖 149

③右腳落地，左腳隨即向左一步落地，雙腿屈膝成馬步。同時，左掌變拳向左直擊，拳心朝下；右拳收抱於右腰間，拳心朝上。目視左拳（圖149）。

④雙腳向左碾地，身體左轉，雙腿變左弓步。右拳隨轉身向前直擊，拳心朝下；左拳後拉向左腰間，拳心朝上。

圖150　　　　　　　　　　圖151

目視右拳（圖150）。

⑤雙腳前掌向右碾地，身體右轉，雙腿仍變馬步。同時左拳向左直擊，拳心朝下；右拳後拉向右腰間，拳心朝上。目視左拳（圖151）。

68.道翁揉球

①身體微右轉，重心移至右腿，右腿站直，左腿屈膝右提身前，腳尖朝下。與此同時，雙拳變掌，左掌屈肘向下、向右，掌心朝上，右掌臂內旋向上使掌心朝下，雙掌揉球至右胸前，雙掌間距約30公分。目隨雙掌（圖152）。

②上動不停，左腳落地，身體右轉，右腿屈膝上提於身前，腳尖朝下。左掌向左、向上、向右臂內旋使掌心朝下，右掌向右、向下、向左臂外旋變掌心朝上，雙掌屈肘揉球至左胸前，雙掌間距約30公分。目隨雙掌（圖153）。

③上動不停，右腳向右落步，身體右轉，左腿屈膝上提於身前，腳尖朝下。隨轉身提腿，右掌向右、向上、向左

圖 152　　　　　　圖 153　　　　　　圖 154

臂內旋變掌心朝下，左掌向左、向下、向右臂外旋變掌心朝上，雙掌屈肘揉球至右胸前，雙掌間距約 30 公分。目隨雙掌（圖 154）。

第八段

69.暗渡陳倉（右）

① 左腳向左落步，身體左轉，左掌向左下落向身體左側，右掌下落向身體右側，掌心均朝下。目視前方（圖 155）。

② 上動不停，雙掌向裡（左掌右、右掌左）、向上挑架至頭上方。同時右腳由身後向身前彈踢，腿伸直，腳背繃

圖 155

圖 156

圖 157

平。目視右腳（圖 156）。

70.暗渡陳倉（左）

① 右腳向前落步，雙掌向身體兩側弧形下落至同腰高，掌心朝下（圖 157）。

② 上動不停，雙掌向裡（左掌右、右掌左）、向上挑架於頭上方，左腳同時由身後向前彈踢，腿伸直，腳背繃平。目視左腳（圖 158）。

71.推倒金山

① 左腳向前落地，左腿屈膝，右腿伸直，上身微右轉（圖 159）。

② 雙掌同時屈肘下落於胸前屈腕立掌向前推出，臂伸直，掌指朝上。目視雙掌（圖 160）。

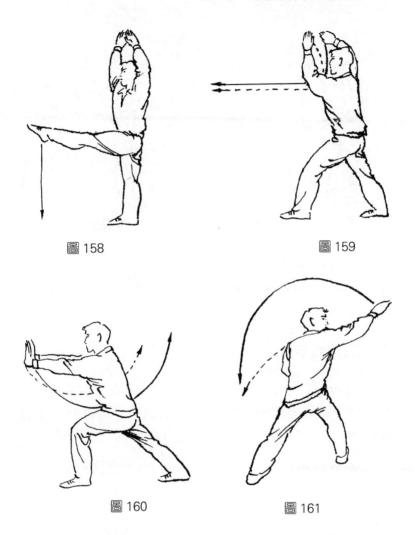

圖158

圖159

圖160

圖161

72.併步砸錘

①身體右轉，雙掌向下，經身前直臂向右上方甩撩，掌指斜朝上。右腿屈膝，左腿伸直。目視右掌（圖161）。

圖 162　　　　　　　　　　　圖 163

② 身體左轉，右掌變拳，向上、向前、向下屈肘砸擊，左掌下落於腹前用掌心迎擊右拳背。右腳向左腳靠攏，雙腿屈膝半蹲。目視右拳（圖162）。

73. 燕式平衡

右腿站直，上身前伏，左腳向後蹬伸舉起。右拳變掌，雙掌向身兩側直臂分開平舉，掌指朝前。目視前方（圖163）。

74. 雙錘貫耳

① 左腳落地，身體微左轉（圖164）。

② 上動不停，身體繼續左後轉，左腿屈膝，右腿伸直。在轉身的同時，雙掌變拳，左拳直臂向左、向上、向右，右拳向前、向左，雙拳同時向頭前上方貫擊，拳眼相對。目視右拳（圖165）。

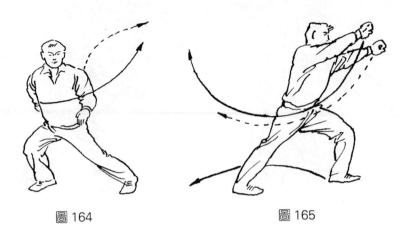

圖 164　　　　　　　　圖 165

圖 166

75.倒觀日月

左腳從右腳內側向後退一步，雙腿屈膝。雙拳直臂向下、經身右側向後甩撩，右拳眼朝下，左拳眼朝上。上身向右後擰轉、前伏。目視雙拳間（圖 166）。

圖 167

圖 168

76.蒼龍翻身

① 雙腳以前掌為軸碾地，身體左後翻轉，雙腿微屈膝，雙拳隨轉身擺至身前（圖 167）。

② 雙腳同時蹬地跳起，右腳向前落步，左腳向後落步，雙拳同時向前劈砸，拳眼朝上。右腿屈膝，左腿伸直。目視右拳（圖 168）。

77.海底撈月

① 上身左轉，雙拳向下、向左後揉按。目隨雙拳（圖 169）。

② 上動不停，雙腳同時蹬地跳起。在空中，身體向右後翻轉（圖 170）。

③ 右腳落地，腿即屈膝，左腳向左落地，腿伸直，雙拳隨轉身擺至身右前方（圖 171）。

④ 上動不停，身體左轉，上身前傾，左腿屈膝，右腿

圖 169

圖 170

圖 171

圖 172

蹬直。右拳變掌，隨轉身直臂向下、向前、向上弧形撩擊，掌心朝上；左拳變勾手向左擺向身體左側，臂伸直，勾尖朝下。目視右掌（圖172）。

圖173　　　　　　圖174

78.投石問路

①左勾手變拳屈肘收於左腰間，拳心朝上（圖173）。
②上動不停，右腳從身後向前彈踢，腿伸直，腳背繃平。同時左拳向前直擊，拳心朝下；右掌變拳後拉向右腰間，拳心朝上。目視右腳（圖174）。

79.拳打南山

身體左轉，右腳落地，雙腿屈膝成馬步。右拳向右直擊，拳心朝下；左拳收於左腰間，拳心朝上。目視右拳（圖175）。

80.走馬活挾

左拳變掌，臂內旋反掌向左前、左後弧形抄攜後仍回左腰間，掌心朝上。目隨左掌（圖176）。

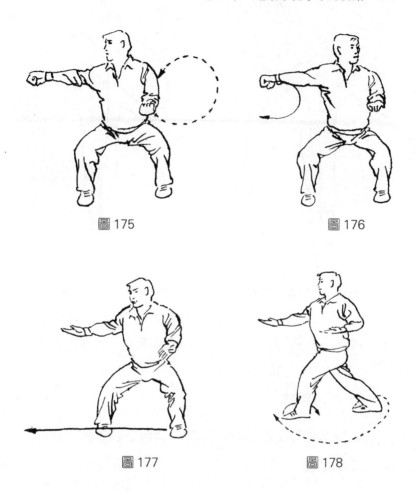

圖 175　　　　　　　圖 176

圖 177　　　　　　　圖 178

81. 黃龍轉身

① 右拳變掌，向左、向前弧形擺動。目隨右掌（圖 177）。

② 上動不停，身體右轉，左腳向前一步落地，右掌隨身向右平擺（圖 178）。

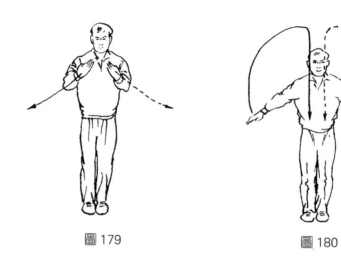

圖179　　　　　　　圖180

③上動不停，身體繼續向右後轉270°，右腳向後退一步落地，與左腳併立。右掌隨轉身擺動，當雙腳併立時，擺至右胸前，左掌上移至左胸前，掌心均朝裡。目視前方（圖179）。

82.萬法歸終

①雙掌臂外旋用掌背向身體兩側撣擊同腰高，掌心朝下（圖180）。

②雙掌臂外旋直臂向上擺至頭上方屈肘向下經臉前按掌至腹前，掌心朝下，掌指相對（圖181）。

收　式

雙掌下貼於兩大腿外側。目視前方（圖182）。

圖 181

圖 182

　　李玉川，河北省滄州市青縣人，1951 年生。
雖嗜拳術，又喜文墨。8 歲始從名師學練迷蹤拳，
數十年練功不輟。博學多求，勤練通研，先後向孟
村、青島等地師友學習八極拳、八卦掌、意拳（大
成拳）。同時，重視對武術理論的研究，閱讀了大
量武術書刊和史料，寫下了不少的讀書筆記，致力
於探求武術之眞諦。

　　爲青縣迷蹤拳第七代掌門人之一。1996 年 8
月青縣成立迷蹤拳協會時被推選爲協會主席。近幾
年來傾心於對迷蹤拳的研究和整理。

大展出版社有限公司
品冠文化出版社　圖書目錄

地址：台北市北投區(石牌)　　電話：(02)28236031
　　　致遠一路二段 12 巷 1 號　　　　　28236033
郵撥：01669551＜大展＞　　　　　　　28233123
　　　19346241＜品冠＞　　　　傳真：(02)28272069

・少 年 偵 探・品冠編號 66

1.	怪盜二十面相	（精）	江戶川亂步著	特價 189 元
2.	少年偵探團	（精）	江戶川亂步著	特價 189 元
3.	妖怪博士	（精）	江戶川亂步著	特價 189 元
4.	大金塊	（精）	江戶川亂步著	特價 230 元
5.	青銅魔人	（精）	江戶川亂步著	特價 230 元
6.	地底魔術王	（精）	江戶川亂步著	特價 230 元
7.	透明怪人	（精）	江戶川亂步著	特價 230 元
8.	怪人四十面相	（精）	江戶川亂步著	特價 230 元
9.	宇宙怪人	（精）	江戶川亂步著	特價 230 元
10.	恐怖的鐵塔王國	（精）	江戶川亂步著	特價 230 元
11.	灰色巨人	（精）	江戶川亂步著	特價 230 元
12.	海底魔術師	（精）	江戶川亂步著	特價 230 元
13.	黃金豹	（精）	江戶川亂步著	特價 230 元
14.	魔法博士	（精）	江戶川亂步著	特價 230 元
15.	馬戲怪人	（精）	江戶川亂步著	特價 230 元
16.	魔人銅鑼	（精）	江戶川亂步著	特價 230 元
17.	魔法人偶	（精）	江戶川亂步著	特價 230 元
18.	奇面城的秘密	（精）	江戶川亂步著	特價 230 元
19.	夜光人	（精）	江戶川亂步著	特價 230 元
20.	塔上的魔術師	（精）	江戶川亂步著	特價 230 元
21.	鐵人Q	（精）	江戶川亂步著	特價 230 元
22.	假面恐怖王	（精）	江戶川亂步著	特價 230 元
23.	電人M	（精）	江戶川亂步著	特價 230 元
24.	二十面相的詛咒	（精）	江戶川亂步著	特價 230 元
25.	飛天二十面相	（精）	江戶川亂步著	特價 230 元
26.	黃金怪獸	（精）	江戶川亂步著	特價 230 元

・生 活 廣 場・品冠編號 61

1.	366 天誕生星	李芳黛譯	280 元
2.	366 天誕生花與誕生石	李芳黛譯	280 元
3.	科學命相	淺野八郎著	220 元

·女醫師系列· 品冠編號62

·傳統民俗療法· 品冠編號63

·常見病藥膳調養叢書· 品冠編號631

1.	脂肪肝四季飲食	蕭守貴著	200元
2.	高血壓四季飲食	秦玖剛著	200元
3.	慢性腎炎四季飲食	魏從強著	200元
4.	高脂血症四季飲食	薛輝著	200元
5.	慢性胃炎四季飲食	馬秉祥著	200元
6.	糖尿病四季飲食	王耀獻著	200元
7.	癌症四季飲食	李忠著	200元

・彩色圖解保健・品冠編號64

1.	瘦身	主婦之友社	300元
2.	腰痛	主婦之友社	300元
3.	肩膀痠痛	主婦之友社	300元
4.	腰、膝、腳的疼痛	主婦之友社	300元
5.	壓力、精神疲勞	主婦之友社	300元
6.	眼睛疲勞、視力減退	主婦之友社	300元

・心 想 事 成・品冠編號65

1.	魔法愛情點心	結城莫拉著	120元
2.	可愛手工飾品	結城莫拉著	120元
3.	可愛打扮 & 髮型	結城莫拉著	120元
4.	撲克牌算命	結城莫拉著	120元

・熱 門 新 知・品冠編號67

1.	圖解基因與 DNA	（精）	中原英臣 主編	230元
2.	圖解人體的神奇	（精）	米山公啟 主編	230元
3.	圖解腦與心的構造	（精）	永田和哉 主編	230元
4.	圖解科學的神奇	（精）	鳥海光弘 主編	230元
5.	圖解數學的神奇	（精）	柳 谷晃 著	250元
6.	圖解基因操作	（精）	海老原充 主編	230元
7.	圖解後基因組	（精）	才園哲人 著	230元

・法律專欄連載・大展編號58

台大法學院　　法律學系／策劃
法律服務社／編著

1.	別讓您的權利睡著了(1)	200元
2.	別讓您的權利睡著了(2)	200元

・武 術 特 輯・大展編號10

1.	陳式太極拳入門	馮志強編著	180元

・名師出高徒・ 大展編號 111

1.	武術基本功與基本動作	劉玉萍編著	200 元
2.	長拳入門與精進	吳彬等著	220 元
3.	劍術刀術入門與精進	楊柏龍等著	220 元
4.	棍術、槍術入門與精進	邱丕相編著	220 元
5.	南拳入門與精進	朱瑞琪編著	220 元
6.	散手入門與精進	張山等著	220 元
7.	太極拳入門與精進	李德印編著	280 元
8.	太極推手入門與精進	田金龍編著	220 元

・實用武術技擊・ 大展編號 112

1.	實用自衛拳法	溫佐惠著	250 元
2.	搏擊術精選	陳清山等著	220 元
3.	秘傳防身絕技	程崑彬著	230 元
4.	振藩截拳道入門	陳琦平著	220 元
5.	實用擒拿法	韓建中著	220 元
6.	擒拿反擒拿 88 法	韓建中著	250 元
7.	武當秘門技擊術入門篇	高翔著	250 元
8.	武當秘門技擊術絕技篇	高翔著	250 元

・中國武術規定套路・ 大展編號 113

1.	螳螂拳	中國武術系列	300 元
2.	劈掛拳	規定套路編寫組	300 元
3.	八極拳	國家體育總局	250 元

・中華傳統武術・ 大展編號 114

1.	中華古今兵械圖考	裴錫榮主編	280 元
2.	武當劍	陳湘陵編著	200 元
3.	梁派八卦掌（老八掌）	李子鳴遺著	220 元
4.	少林 72 藝與武當 36 功	裴錫榮主編	230 元
5.	三十六把擒拿	佐藤金兵衛主編	200 元
6.	武當太極拳與盤手 20 法	裴錫榮主編	220 元

・少 林 功 夫・ 大展編號 115

1.	少林打擂秘訣	德虔、素法編著	300 元
2.	少林三大名拳 炮拳、大洪拳、六合拳	門惠豐等著	200 元
3.	少林三絕 氣功、點穴、擒拿	德虔編著	300 元
4.	少林怪兵器秘傳	素法等著	250 元
5.	少林護身暗器秘傳	素法等著	220 元

| 3. | 鬼谷子神算兵法 | 應涵編著 | 280 元 |
| 4. | 諸葛亮神算兵法 | 應涵編著 | 280 元 |

·秘傳占卜系列· 大展編號 14

1.	手相術	淺野八郎著	180 元
2.	人相術	淺野八郎著	180 元
3.	西洋占星術	淺野八郎著	180 元
4.	中國神奇占卜	淺野八郎著	150 元
5.	夢判斷	淺野八郎著	150 元
6.	前世、來世占卜	淺野八郎著	150 元
7.	法國式血型學	淺野八郎著	150 元
8.	靈感、符咒學	淺野八郎著	150 元
9.	紙牌占卜術	淺野八郎著	150 元
10.	ESP 超能力占卜	淺野八郎著	150 元
11.	猶太數的秘術	淺野八郎著	150 元
12.	新心理測驗	淺野八郎著	160 元
13.	塔羅牌預言秘法	淺野八郎著	200 元

·趣味心理講座· 大展編號 15

1.	性格測驗（1） 探索男與女	淺野八郎著	140 元
2.	性格測驗（2） 透視人心奧秘	淺野八郎著	140 元
3.	性格測驗（3） 發現陌生的自己	淺野八郎著	140 元
4.	性格測驗（4） 發現你的真面目	淺野八郎著	140 元
5.	性格測驗（5） 讓你們吃驚	淺野八郎著	140 元
6.	性格測驗（6） 洞穿心理盲點	淺野八郎著	140 元
7.	性格測驗（7） 探索對方心理	淺野八郎著	140 元
8.	性格測驗（8） 由吃認識自己	淺野八郎著	160 元
9.	性格測驗（9） 戀愛知多少	淺野八郎著	160 元
10.	性格測驗（10）由裝扮瞭解人心	淺野八郎著	160 元
11.	性格測驗（11）敲開內心玄機	淺野八郎著	140 元
12.	性格測驗（12）透視你的未來	淺野八郎著	160 元
13.	血型與你的一生	淺野八郎著	160 元
14.	趣味推理遊戲	淺野八郎著	160 元
15.	行為語言解析	淺野八郎著	160 元

·婦 幼 天 地· 大展編號 16

1.	八萬人減肥成果	黃靜香譯	180 元
2.	三分鐘減肥體操	楊鴻儒譯	150 元
3.	窈窕淑女美髮秘訣	柯素娥譯	130 元
4.	使妳更迷人	成 玉譯	130 元
5.	女性的更年期	官舒妍編譯	160 元

| 51. 穿出自己的品味 | 西村玲子著 | 280元 |
| 52. 小孩髮型設計 | 李芳黛譯 | 250元 |

·青春天地· 大展編號 17

1. A 血型與星座	柯素娥編譯	160元
2. B 血型與星座	柯素娥編譯	160元
3. O 血型與星座	柯素娥編譯	160元
4. AB 血型與星座	柯素娥編譯	120元
5. 青春期性教室	呂貴嵐編譯	130元
9. 小論文寫作秘訣	林顯茂編譯	120元
11. 中學生野外遊戲	熊谷康編著	120元
12. 恐怖極短篇	柯素娥編譯	130元
13. 恐怖夜話	小毛驢編譯	130元
14. 恐怖幽默短篇	小毛驢編譯	120元
15. 黑色幽默短篇	小毛驢編譯	120元
16. 靈異怪談	小毛驢編譯	130元
17. 錯覺遊戲	小毛驢編著	130元
18. 整人遊戲	小毛驢編著	150元
19. 有趣的超常識	柯素娥編譯	130元
20. 哦！原來如此	林慶旺編譯	130元
21. 趣味競賽 100 種	劉名揚編譯	120元
22. 數學謎題入門	宋釗宜編譯	150元
23. 數學謎題解析	宋釗宜編譯	150元
24. 透視男女心理	林慶旺編譯	120元
25. 少女情懷的自白	李桂蘭編譯	120元
26. 由兄弟姊妹看命運	李玉瓊編譯	130元
27. 趣味的科學魔術	林慶旺編譯	150元
28. 趣味的心理實驗室	李燕玲編譯	150元
29. 愛與性心理測驗	小毛驢編譯	130元
30. 刑案推理解謎	小毛驢編譯	180元
31. 偵探常識推理	小毛驢編譯	180元
32. 偵探常識解謎	小毛驢編譯	130元
33. 偵探推理遊戲	小毛驢編譯	180元
34. 趣味的超魔術	廖玉山編著	150元
35. 趣味的珍奇發明	柯素娥編著	150元
36. 登山用具與技巧	陳瑞菊編著	150元
37. 性的漫談	蘇燕謀編著	180元
38. 無的漫談	蘇燕謀編著	180元
39. 黑色漫談	蘇燕謀編著	180元
40. 白色漫談	蘇燕謀編著	180元

·健康天地· 大展編號 18

・實用女性學講座・ 大展編號 19

・校 園 系 列・ 大展編號 20

國家圖書館出版品預行編目資料

迷蹤拳（一）／李玉川編著
——初版，——臺北市，大展，2004 年〔民 93〕
面；21 公分，——（迷蹤拳系列；1）
ISBN 957-468-284-6 （第一冊：平裝附影音光碟）

1.拳術—中國
528.97　　　　　　　　　　　　　　　93000810

迷 蹤 拳（一）＋VCD

ISBN 957-468-284-6

著　　　者／李 玉 川
責任編輯／秦　　燕
發 行 人／蔡 森 明
出 版 者／大展出版社有限公司
社　　址／台北市北投區（石牌）致遠一路 2 段 12 巷 1 號
電　　話／（02）28236031・28236033・28233123
傳　　眞／（02）28272069
郵政劃撥／01669551
網　　址／www.dah-jaan.com.tw
E - mail／dah_jaan@pchome.tw
登 記 證／局版臺業字第 2171 號
承 印 者／高星印刷品行
裝　　訂／協億印製廠股份有限公司
排 版 者／弘益電腦排版有限公司
初版 1 刷／2004 年（民 93 年）4 月

定價／350 元